SOMMAIRE

UN TEXTE DE
CHIARA PASQUALETTI JOHNSON

ILLUSTRÉ PAR
ALESSANDRO VENTRELLA

INTRODUCTION

Ce livre est une invitation à rêver grand, à bousculer les stéréotypes, à prendre la parole et à briser les préjugés. Mais c'est surtout une invitation à vous retrousser les manches et à prendre en main votre propre destin, avec en ligne de mire un avenir radieux, dans lequel chacune aura la possibilité et la liberté de réaliser ses rêves. Comme l'ont fait les protagonistes des pages qui suivent. Nous avons sélectionné 50 femmes, mais cet ouvrage aurait pu en compter 100, voire 1 000. Non-conformistes, imaginatives, pionnières et intrépides, elles sont les visages d'une révolution destinée à faire mentir les stéréotypes une fois pour toutes, et à imposer l'égalité des sexes dans tous les domaines. Excentriques, audacieuses et courageuses, elles ne sont ni des princesses ni des saintes. Juste des personnes authentiques, pleines de contradictions et magnifiquement imparfaites. Douces mais déterminées, elles sont la déclinaison en nuances infinies des mêmes valeurs. Telles des muses contemporaines, elles nous inspirent, font émerger des progrès, façonnent des avenirs. Chacune dans son esprit propre raconte une seule et même histoire : celle d'une génération qui mène le changement, nous poussant ainsi à imaginer le monde qui vient. Elles nous prouvent, par l'exemple, qu'il est possible de sortir de l'ordinaire et de faire de nos vies de merveilleuses trajectoires. Cultivant leur talent, elles ont décidé de devenir rockstars, sauver des vies, fonder des startups, ou même sauver la planète. Mais une fois leur objectif atteint, elles ne se sont pas arrêtées en si bon chemin. « On ne peut tout simplement pas considérer que l'on a réussi quand la moitié de l'humanité demeure laissée pour compte », se sont-elles

dit. « Si ce que je fais n'est utile qu'à moi-même, alors ça ne suffit pas. Il faut que ce soit utile pour nous toutes, ou plutôt pour nous toutes et tous. » C'est ainsi que leurs expériences et autres accomplissements sont devenus de puissantes incitations, via le partage de ressources, d'élans, d'actions et de paroles.

Au fil de leur parcours et de leurs exploits, elles ont pris le relais de leurs grand-mères et arrière-grand-mères qui ont permis à nos sociétés du siècle dernier de se développer et d'évoluer, améliorant ainsi le statut des femmes et contribuant de manière significative à offrir à toutes et chacune des droits et une conscience. Nous devons beaucoup aux générations de jeunes femmes rebelles qui, par le passé, ont dû jouer des coudes pour s'intégrer à une société patriarcale, ouvrant ainsi la voie à leurs descendantes. J'ai dédié *Femmes incroyables* (White Star, 2018) à ces courageuses guerrières du XXe siècle, en recensant les parcours de ces héroïnes qui se sont distinguées par leur fort caractère et leur ténacité dans le monde entier. En m'intéressant à leur vie, j'ai appris à reconnaître et à admirer celles qui ont eu le courage de changer les règles du jeu. Aujourd'hui, une nouvelle génération, la mienne, prend la relève, et l'histoire qui s'est interrompue à la fin de ce premier ouvrage se poursuit idéalement dans les pages qui suivent, pour rendre hommage aux filles d'aujourd'hui. Ce livre leur est dédié, même si j'espère que ces portraits ne seront pas lus seulement par les femmes, mais aussi par les hommes : car la lutte contre les stéréotypes émerge d'une évolution culturelle qui implique que nous devions cesser d'enseigner aux garçons et aux filles que notre monde est tout rose ou tout bleu, ou qu'il existe encore des « trucs de mec. » Combien de jeunes filles entendent de tels discours lorsqu'elles envisagent de se lancer dans des études scientifiques ? Quel grand jour ce sera lorsque cela ne sera plus un critère si une femme ou un homme parvient à atteindre le succès, le pouvoir ou simplement la liberté de choisir qui il ou elle souhaite devenir ! Voilà un objectif qui nous semble lointain aujourd'hui, vu que chaque réussite féminine fait encore la une des journaux, comme s'il y avait quelque chose d'assez extraordinaire à ce qu'une femme leader s'impose dans un monde d'hommes. Car s'il est vrai que les femmes possèdent déjà cette force, il s'agit dès lors de changer la façon dont le monde perçoit cette force.

Les attitudes vis-à-vis de l'égalité évoluent, mais même la jeune génération n'est pas à l'abri des stéréotypes et autres disparités entre hommes et femmes. Aujourd'hui, l'écart entre les sexes se fait encore sentir, notamment dans le monde du travail, et c'est là une erreur grossière car, aujourd'hui plus que jamais, c'est la puissance des femmes qui reflète celle d'un pays. Il est tout aussi dangereux d'être tenté de les considérer comme une catégorie à part, fragile et à protéger, car on finit ainsi par déclencher une rivalité qui risque d'opposer les univers masculin et féminin. Rien n'est plus fallacieux, car plus les femmes travaillent et obtiennent des emplois de qualité, plus le système prospère et plus les opportunités d'emploi augmentent pour tous. Mais ce n'est pas tout : dans un monde qui, sous couvert de préjugés, ne permet qu'à la moitié de sa population de se distinguer, les personnalités d'exception ne peuvent tout simplement pas émerger. À côté de combien de musiciennes, d'écrivaines, de femmes d'État, d'inventrices ou d'exploratrices potentielles sommes-nous passés au cours des siècles, juste parce que les femmes n'avaient pas la possibilité d'étudier, ni de travailler ? Et pourtant, aujourd'hui encore, des millions de jeunes filles sont exclues, alors même qu'elles bouillonnent d'un potentiel inexprimé ou, pire, d'un potentiel refoulé par une société qui n'est certainement pas structurée à leur mesure. C'est pourquoi des parcours comme celui d'Abisoye Ajayi-Akinfolarin, qui enseigne le codage à des jeunes filles des bidonvilles nigérians, ou celui de Fatoumata Kébé, qui révèle les secrets de l'univers à de jeunes étudiantes de la banlieue parisienne, sont exemplaires. Tout aussi puissantes sont les histoires de ces femmes artistes qui donnent une voix au changement, ou de militantes courageuses dont la vie a été détruite par la violence de la guerre ou d'un climat devenu fou, telles Amani Ballour et Xiye Bastida, qui se battent toutes deux pour les jeunes garçons et filles du monde entier. Chacune d'entre elles possède une histoire et des idées différentes, mais toutes partagent la même détermination, la volonté de se battre en première ligne pour le droit à l'éducation, pour protéger « notre maison qui brûle » en raison du changement climatique, ou pour garantir à tous les enfants le droit d'aller à l'école en toute sécurité. Leurs parcours sont tissés d'intelligence, de talent, d'éclat, de grâce, mais aussi de cette beauté particulière qui rend chaque personne unique. Parce qu'avoir une apparence différente de tous ceux qui nous entourent et comprendre que cela aussi est un pouvoir que nous devons explorer, voilà qui engage la révolution.

Liées par un réseau invisible, les vies des femmes de ce livre s'entremêlent parfois les unes aux autres, mettant en lumière les fils qui relient certains de ces portraits. Comme dans le cas de l'engagement humanitaire qui a conduit Nadia Murad à rencontrer son avocate Amal Ramzi Alamuddin, ou du lien particulier que représente la bague en or qu'Oprah Winfrey a offerte à Amanda Gorman, de l'admiration mutuelle entre Malala Yousafzai et Emma Watson, des T-shirts que Maria Grazia Chiuri a fait défiler sur le podium de Dior avec le message « *We should all be feminists* » (citation de l'écrivaine nigériane Chimamanda Ngozi Adichie), et enfin des portraits d'Annie Leibovitz, qui a photographié nombre de ces femmes en mettant en valeur la féminité de chaque corps et de chaque visage. Par leur exemple, elles ont remis les clés du pouvoir à des millions de femmes, ouvrant des portes restées trop longtemps verrouillées, et faisant la démonstration qu'il n'existe aucune chimère. « Ce n'est pas moi qui dois changer, mais le monde qui m'entoure », se répètent-elles. En lisant leurs portraits, vous rencontrerez certaines personnalités connues, voire très connues, mais aussi des héroïnes inattendues qui, à la fin de votre lecture, ne laisseront qu'un mot sur le bout de vos lèvres : merci. Merci pour votre courage, merci d'avoir réussi, et merci de continuer à vous battre. Parce que lorsque nous voyons un rêve se réaliser, nous croyons toutes un peu plus à notre propre rêve.

CHIMAMANDA NGOZI ADICHIE

Le féminisme, la féminité, la politique, le racisme et la négritude comptent parmi les sujets qui tiennent à cœur à cette écrivaine.
Elle estime que le véritable objectif du féminisme est de devenir un mouvement obsolète, afin de progresser une fois pour toutes vers ce que l'on nomme « égalité ».

« Nous sommes tous des féministes » est sa citation la plus célèbre. Elle s'est répandue comme un mantra, s'est vue imprimée sur des T-shirts Dior puis scandée en chœur lors des concerts de Beyoncé. Elle est ensuite devenue le titre d'un livre déjà considéré comme un classique, à tel point qu'en Suède, il a été distribué gratuitement à tous les jeunes de seize ans. Oratrice hors pair, Chimamanda a prononcé cette phrase lors d'une des conférences TED qui l'ont rendue célèbre et l'ont fait connaître en tant qu'activiste, faisant d'elle une référence auprès de l'opinion publique internationale. « Après ce succès inattendu, j'ai senti que j'avais la responsabilité de continuer à en parler, même si cela signifie avoir moins de temps pour faire ce que j'apprécie le plus : écrire et lire. »

NOUS N'AVONS PAS BESOIN D'ÊTRE PARFAITES POUR FAIRE CE QUI EST JUSTE.

Ses talents d'écrivaine l'ont menée au succès littéraire avec des titres tels que *L'Ibiscus pourpre, L'autre moitié du Soleil* et *Americanah*. Cependant, ses messages ne se diffusent pas seulement à travers les pages de ses livres. En effet, l'un des nombreux talents de Chimamanda consiste à être capable de s'adapter à tous types de canaux. « Si tu recours à différents médias, tu pourras parler de plus de choses qui te tiennent à cœur, et les gens t'écouteront. » Toujours impeccablement vêtue, maquillée et coiffée, elle a choisi d'utiliser Instagram pour promouvoir la mode nigériane, qu'elle arbore sur chacun de ses portraits. Ayant une prédisposition naturelle pour l'élégance, elle parvient à en faire une prise de position idéologique. « Qu'une femme, pour être prise au sérieux, doive renoncer à se pomponner est une idée complètement occidentale. Elle remonte à l'époque où les premières militantes ont commencé à se couper les cheveux et à nier leur féminité pour renverser cette idée de la femme en tant qu'objet/propriété... » de son mari. Cela faisait sens, à l'époque, mais plus aujourd'hui. Lorsque le succès est arrivé, j'ai décidé de revendiquer cette possibilité d'exprimer ma féminité et de m'intéresser à la mode sans craindre d'être considérée comme frivole. Tout comme un homme qui se passionne pour la mécanique ne sera pas considéré comme frivole. Je l'ai fait pour moi, mais aussi dans l'espoir que les jeunes filles, en me voyant, trouveront le courage de faire de même. »

Pour elle, l'unicité de chaque être humain est un trésor, et la différence entre les hommes et les femmes ne doit pas être niée, même si elle ne doit pas non plus être utilisée comme instrument de pouvoir et de soumission, ainsi qu'elle le souligne dans toutes ses interventions publiques. « Je n'ai jamais songé à devenir une icône féministe, ce n'était pas mon intention : je suis écrivaine, la littérature est l'amour de ma vie. Mais déjà, enfant, j'étais en colère contre cette différence de traitement entre moi et mes camarades masculins », a-t-elle déclaré dans une interview. Elle a également fait référence à la valeur des différences en évoquant sa vie entre deux cultures, puisqu'elle est nigériane de naissance mais américaine par choix. Chimamanda a décidé de résider une partie de l'année à Lagos et l'autre aux États-Unis. « Je ne me considère pas comme une exilée, mais comme une personne très chanceuse qui possède deux maisons, deux citoyennetés et deux points de vue. L'identité a toujours été une question complexe, et paradoxalement, c'est encore mieux qu'elle le devienne dans un monde qui bouge autant. »

NE JAMAIS ACCEPTER « PARCE QUE TU ES UNE FEMME » COMME PRÉTEXTE POUR FAIRE OU NE PAS FAIRE QUELQUE CHOSE.

ABISOYE AJAYI-AKINFOLARIN

On la surnomme la Coding Hero (l'héroïne du codage). Sa mission ? Éduquer les jeunes filles nigérianes et leur donner le goût de l'informatique et de la technologie, afin de leur offrir la possibilité de se construire un avenir différent, loin des bidonvilles et de la pauvreté.

L'enfance d'Abisoye au Nigeria n'a pas été facile. Elle n'avait pas de mère pour s'occuper d'elle, et son père était violent. « Je sais ce que c'est que d'être issue d'un milieu défavorisé. Je sais ce que c'est que d'être une jeune fille vulnérable », assure-t-elle. Un jour, alors qu'elle a 10 ans, son frère l'emmène dans un cybercafé, où elle découvre les ordinateurs. Les doigts virevoltant sur le clavier, elle a étudié l'informatique puis mis ses compétences à l'épreuve en gravissant les échelons des start-ups de haute technologie à Lagos, la Silicon Valley nigériane où des géants tels que Facebook et Google ont leur siège.

<META
36
37
38

MES ÉLÈVES SONT DES CODEUSES. CE SONT DES PENSEUSES. LEUR AVENIR S'ANNONCE BRILLANT.

« La technologie m'a offert une voix, ainsi qu'une indépendance économique, et je considère que c'est une voie que toute personne issue d'un milieu défavorisé peut emprunter pour réussir dans la vie. » C'est pourquoi elle a quitté un emploi à temps plein pour créer la Fondation Pearls Africa, une association qui vise à aider les jeunes filles les plus pauvres à réaliser leur potentiel grâce à l'informatique. « On manque de filles dans les secteurs des technologies de l'information et de la communication, j'étais donc en colère contre cette situation, et j'avais envie de changer les choses. » Ainsi, en 2015, elle a lancé le projet GirlsCoding, qui vise à enseigner aux adolescentes vivant dans des camps de déplacés, des orphelinats ou des maisons de correction, à coder puis à développer des logiciels, des applications pour smartphones et des sites web. Il s'agit d'un projet ambitieux, dont l'objectif est de former de jeunes programmeuses pour l'industrie high-tech nigériane, mais surtout d'empêcher nombre d'entre elles de devenir des filles-mères. « Dès qu'elles sont désœuvrées, les filles de milieux défavorisés risquent de tomber enceintes. Mais si le fait qu'elles deviennent programmeuses peut améliorer leur niveau de confiance, on peut espérer que cela améliorera leur vie entière », explique-t-elle. Beaucoup de ces jeunes filles n'avaient jamais vu d'ordinateur auparavant, mais toutes ont acquis la confiance en soi dont elles avaient besoin pour changer leur vie en acquérant les connaissances techniques nécessaires pour trouver un emploi. En plus d'une formation pratique, le programme comprend également des visites de sociétés industrielles de haute technologie afin que les étudiantes puissent s'imaginer travailler un jour dans ces environnements. Car, selon Abisoye, « offrir à ces jeunes femmes une expérience dans les domaines des STIM (sciences, technologies, ingénierie, mathématiques) augmente automatiquement la probabilité qu'elles puissent transcender les conditions de pauvreté dans lesquelles elles vivent actuellement. » Elle estime que les sciences informatiques offrent des chances égales aux jeunes Africains défavorisés. Il est possible de rattraper des années d'instruction défaillante et de conditions de vie précaires avec un cursus de codage, et ces opportunités qui n'étaient autrefois accessibles qu'aux diplômés issus des universités les plus prestigieuses s'ouvrent soudain à tous, y compris aux filles des bidonvilles.

MARGARET ATWOOD

Écrivaine visionnaire, multi-récompensée et quasi prophétique, Margaret Atwood est une militante à sa manière, qui clame haut et fort, sur papier, son soutien aux femmes, à l'environnement et à la liberté.

Les longues capes rouges portées par les protagonistes de son plus célèbre roman sont devenues un symbole féministe dans le monde entier. Elle-même est considérée comme l'une des autrices féministes par excellence. Et pourtant, lorsqu'on lui demande si elle se définit comme telle, elle répond : « Cela dépend de ce que l'on entend par féministe. » Si l'on sous-entend que les femmes sont meilleures que les hommes, alors elle n'est pas d'accord. Les femmes font partie de l'humanité, et Margaret a toujours soutenu les droits humains, de tous les êtres humains. Avec ses pommettes hautes, son teint clair et ses cheveux gris surmontant son visage comme une couronne, Margaret est une reine de la littérature.

J'ESPÈRE QUE LES GENS FINIRONT PAR SE RENDRE COMPTE QU'IL N'EXISTE QU' UNE SEULE « RACE » – LA RACE HUMAINE – ET QUE NOUS EN SOMMES TOUS MEMBRES.

Deux fois lauréate du Booker Prize et plusieurs fois nommée pour le prix Nobel, Margaret a écrit des romans, des recueils de poèmes, des essais, des dizaines de nouvelles, de contes de fées pour enfants et même de romans graphiques. Cependant, elle est surtout célèbre pour *La Servante écarlate*, roman dans lequel elle raconte la condition des femmes dans un futur dystopique dominé par une théocratie misogyne qui impose l'isolement des femmes, le port du voile et l'obligation de procréer. Peut-être parce que certains écrivains sont capables de voir plus loin que les gens normaux, on a l'impression que ces lignes ont été écrites aujourd'hui, même si plus de trente ans se sont écoulés depuis la première publication de ce livre. Comme elle l'a elle-même expliqué au *New York Times,* « Mes femmes souffrent parce que la plupart des femmes auxquelles je parle semblent avoir souffert. » Si l'on pense aux femmes afghanes, le roman de Margaret Atwood s'avère quasi prophétique, même si elle s'en défend, avec son ironie habituelle. « Personne n'est vraiment capable de prédire l'avenir, on peut deviner, élaborer des hypothèses. Si j'étais prophète, j'aurais éradiqué le marché boursier depuis des années. »

Avec ce même regard lucide sur les choses qui l'a toujours guidée, Margaret continue de parcourir le monde en collectionnant les prix en tant qu'écrivaine, mais aussi en soutenant des campagnes visant à empêcher les multinationales de détruire les écosystèmes. Elle ne s'est jamais défaussée devant l'exposition publique ni devant le fait de mettre les mains dans le cambouis, et pas seulement pour des questions internationales. Ayant grandi au cœur des grands espaces canadiens, auprès d'un père entomologiste, elle a toujours défendu l'environnement dans toutes ses nuances, même si elle n'apprécie guère qu'on lui colle l'étiquette d'activiste : « Je suis écrivaine, et à ce titre, je me retrouve à décrire certaines réalités. Je suis une militante par accident. » Elle rédige des articles et signe des lettres ouvertes pour les causes qu'elle soutient : l'environnementalisme de Greta Thunberg, la liberté d'expression, les droits des femmes et des LGBTQ+. « J'ai été élevée comme ça : écouter et respecter ceux que j'ai en face de moi, peu importe qui ils sont. » Tout comme les héroïnes de ses romans, qui rencontrent l'adversité et s'organisent pour la combattre, elle a décidé de ne jamais baisser les bras. Selon Margaret, il y a encore beaucoup à écrire. Et à faire.

NOUS CONTINUONS DE CONSIDÉRER QU'UN HOMME PUISSANT EST UN LEADER NÉ ET QU'UNE FEMME PUISSANTE EST UNE ANOMALIE.

AMANI BALLOUR

Courage, résilience, empathie et compassion sont les qualités extraordinaires qui caractérisent cette pédiatre qui a dirigé un hôpital clandestin en Syrie pendant deux ans. Son exploit héroïque a été documenté dans un film nommé aux Oscars, afin que personne ne puisse dire : « Je ne savais pas. »

À quelques kilomètres de Damas, dans les ruines d'une ville détruite par les bombardements, les malades et les blessés étaient soignés dans un hôpital souterrain secret appelé « la Grotte ». Les blocs opératoires et les services hospitaliers étaient reliés à tous les différents quartiers de la ville par un système de tunnels labyrinthiques et de couloirs sombres et humides. Là, le Dr Amani Ballour, jeune interne spécialisée en pédiatrie mais contrainte d'abandonner ses études lorsque la guerre en Syrie a éclaté, assurait les soins 24 heures sur 24. « Quand la situation a dégénéré, j'ai décidé de rester, en donnant la priorité aux vies qui pouvaient être sauvées, et surtout en sauvant des enfants. Nous étions peu de médecins et aucun d'entre nous n'était préparé à assister à de telles scènes. »

JE VOULAIS JUSTE ÉTUDIER DEVENIR MÉDECIN, ET AVOIR MON CABINET. C'ÉTAIT MON RÊVE.

Ses mots trahissent la souffrance de ceux qui ont été témoins d'horreurs indicibles, des situations auxquelles aucune formation universitaire n'est vraiment susceptible de vous préparer. Le personnel médical et infirmier travaillait sous le fracas assourdissant des bombes et dans des conditions épouvantables, dans des cabinets aussi insalubres que surpeuplés, où les médicaments et la nourriture étaient rares et les patients à traiter beaucoup trop nombreux. Lorsque ses collègues ont élu Amani à la tête de l'hôpital, elle n'avait pas 30 ans. Pendant les deux années qui ont suivi, elle a travaillé sans relâche, affrontant chaque jour la peur et le désespoir, mais aussi le sexisme et le conservatisme patriarcal de nombre de ses patients. « Ils me disaient : "Il faut un homme pour ce genre de travail, pas toi", "Les femmes devraient rester à la maison", "Il n'y a pas de médecins hommes dans le quartier ?" Et d'autres encore refusaient de me parler, affirmant qu'ils ne s'adressaient qu'à des médecins hommes. » Aussi, lorsque le réalisateur Feras Fayyad l'a contactée pour lui proposer de documenter son travail à l'hôpital en réalisant un film, elle a décidé d'accepter. « Au début, j'ai refusé, c'était trop dangereux ; mais ensuite j'ai réalisé l'importance du projet. J'en étais arrivée à un point où j'avais peur de mourir et je me suis donc dit qu'il serait utile de laisser cette sorte d'héritage. » Le documentaire, intitulé *The Cave,* a reçu de nombreuses récompenses et été nommé aux Oscars, portant sur grand écran une dénonciation sans fard, mais nécessaire. Il montre sans filtre le siège, la faim, le recours aux armes chimiques, mais aussi la condition des femmes dans une société conservatrice qui les opprime, les obligeant à se regrouper. « J'essaie toujours de soutenir les femmes. J'espère que nous pourrons bientôt obtenir les droits qui nous reviennent et parvenir à une véritable égalité entre hommes et femmes », a déclaré Amani. En mars 2018, un énième bombardement a rendu son hôpital de fortune inutilisable, et elle a dû fuir, le cœur lourd, pour sauver sa peau. Elle vit actuellement loin de son pays, mais son engagement humain et professionnel se poursuit. Avec l'aide de la Fondation Roi Baudouin, elle a créé Al Amal (qui signifie « espoir »), une association qui soutient les femmes engagées dans la gestion des hôpitaux et des services d'urgence en zones de conflit. Pour son courage, Amani a reçu le prix Raoul Wallenberg du Conseil de l'Europe, qui récompense les activités humanitaires, et qui lui a été décerné avec cette motivation : « Les droits de l'homme et la dignité individuelle ne sont pas un luxe en temps de paix. Le Dr Amani Ballour offre un exemple brillant de l'empathie, de la vertu et de l'honneur qui peuvent s'épanouir même dans les pires circonstances : au cœur de la guerre et de la souffrance. »

JE NE VEUX PAS QUE L'ON RACONTE CES HISTOIRES POUR FAIRE PLEURER LES GENS ET LES ÉMOUVOIR, JE VEUX QU'ELLES SERVENT À QUELQUE CHOSE.

XIYE BASTIDA

Ses racines indigènes lui ont inculqué le respect de la Terre Mère. Après avoir fait l'expérience directe des effets du changement climatique, Xiye a pris la tête d'une nouvelle génération de jeunes environnementalistes avec énergie, optimisme et entrain.

Dans la langue des Otomi, civilisation ancienne d'Amérique centrale, son nom signifie « pluie douce », et c'est précisément la pluie qui a fait de cette jeune Mexicaine une militante de la justice climatique. Son histoire débute à San Pedro Tultepec, non loin de Mexico, où des semaines de pluies torrentielles ont transformé les rues en torrents. Xiye n'avait que 15 ans lorsque sa maison a été détruite par de violentes inondations dues au changement climatique.
« Alors que je grandissais, le volcan aux sommets couverts de neiges éternelles de la vallée où je suis née – la vallée de Toluca – a commencé à perdre progressivement sa blancheur, » se souvient-elle.

EN 2050, J'AURAI 48 ANS, ET QUAND JE REGARDERAI PAR LA FENÊTRE, JE VERRAI LE MONDE QUE VOUS ÊTES EN TRAIN DE NÉGOCIER EN CE MOMENT.

Les effets dévastateurs des intempéries ont poussé ses parents, tous deux écologistes, à déménager aux États-Unis, où Xiye a dû repartir de zéro en apprenant une nouvelle langue et en se forgeant un rôle dans une société complètement différente de celle d'où elle venait. « J'ai été élevée avec des philosophies que mon père a emmagasinées tout au long de sa vie, comme la réciprocité envers la Terre Mère, ce qui signifie essentiellement que tout ce dont nous avons besoin pour survivre et prospérer, la Terre Mère nous le donne. Et tout ce qu'elle nous demande en retour, c'est de la protéger. » Xiye ne savait pas par où commencer, alors elle a décidé de rejoindre le club d'écologie de son école, où elle a trouvé sa voie. Elle s'est immédiatement sentie en phase avec les jeunes du Sunrise Movement, avec les activistes non violents d'Extinction Rebellion ainsi qu'avec Fridays for Future, dont elle est devenue l'un des visages les plus connus.

Le 20 septembre 2019, elle a mené la plus grande manifestation mondiale du mouvement dans les rues de New York, et a accueilli Greta Thunberg à Manhattan. Aujourd'hui, Xiye partage son temps entre ses études universitaires et son engagement environnemental. « Le monde est si vaste, et il a tellement de mauvaises habitudes », a-t-elle déclaré lors de sa conférence TED Talk.

À 19 ans, elle a fondé l'association écologiste Re-Earth Initiative, et elle a été la seule activiste à prendre la parole lors du sommet sur le climat organisé en 2021 pour la Journée mondiale de l'environnement.

L'âge ne semble pas être un critère dans la vie de Xiye, et sa voix n'a certainement pas tremblé durant son appel en visioconférence avec 40 dirigeants mondiaux, dont Xi Jinping, Poutine, Merkel et Bolsonaro. « Nous ne disons pas « c'était votre faute. Nous vous disons que nous sommes conscients de ce qui se passe, et que nous avons besoin de vous », a-t-elle expliqué, dépassant ainsi le conflit entre jeunes et adultes pour en faire une campagne multigénérationnelle. « Nous avons besoin des adultes. Ils ont le pouvoir de voter. Ils peuvent utiliser la démocratie pour sauver notre avenir. »

Avec son caractère intrépide, Xiye offre l'exemple parfait d'une nouvelle génération de militants pour le climat qui se battent avec le sourire et sans animosité.

« Nous sommes un mouvement de jeunes et, par conséquent, nous essayons de faire tout cela dans la joie et la bonne humeur, de manière solidaire et inclusive, afin de créer un espace où nous nous respectons les uns les autres et où nous nous sentons en sécurité. »

BEYONCÉ

Chanteuse, icône du mouvement body positive et femme d'affaires, Queen B, comme l'ont surnommée ses fans, défend sa beauté naturelle et en dehors des canons traditionnels. « Personne ne peut me ranger dans une case », clame-t-elle fièrement, encourageant tout le monde à se libérer de l'homogénéisation ambiante.

L'artiste la plus récompensée de tous les temps aux Grammy Awards n'est pas seulement chanteuse, femme d'affaires, actrice et danseuse : c'est aussi une épouse et une mère. Beyoncé est tout cela à la fois, et peut-être même plus encore. « Ma vie est un voyage. J'ai l'impression de me fixer un objectif, puis de l'atteindre d'une certaine manière, avant de m'en fixer un autre », dit-elle, les larmes aux yeux, dans le documentaire *Homecoming*, qui retrace sa vie derrière les coulisses de ses concerts. En 40 ans, Beyoncé Giselle Knowles a atteint le sommet de la liste de la BBC des « Femmes les plus puissantes de l'industrie musicale », rencontrant le succès à force de travail et de sacrifices. À l'âge de 7 ans, elle participait à des concours de danse, à 9 ans elle a commencé à prendre des cours de chant, et à 10 ans elle avait déjà enregistré au moins cinquante chansons.

ÊTRE « NUMÉRO UN » N'EST PLUS MA PRIORITÉ. MA VÉRITABLE VICTOIRE, C'EST DE CRÉER DE L'ART ET UN HÉRITAGE QUI VIVRA BIEN APRÈS MOI.

Elle a sorti son premier album à l'âge de 15 ans. À 22 ans, elle était déjà une star mondiale. Entre-temps, elle a épousé le rappeur Jay-Z, et quand on lui demande quel est, de tous les titres dont elle a été affublée, celui qui la rend la plus heureuse, elle répond sans hésiter : « Devenir maman de Blue, Rumi et Sir ». La maternité a également fait évoluer sa relation avec un corps éloigné des standards qui ont dominé le show-business pendant bien trop longtemps. Elle n'a jamais caché ressentir une forte pression. « J'ai accepté d'être plus ronde. J'ai accepté ce que mon corps voulait être. Je trouve qu'il est important que les femmes et les hommes reconnaissent et apprécient la beauté de leur corps au naturel », a-t-elle déclaré à *Vogue*. Profitant de son immense popularité, elle a mis tous ses efforts au service de grandes causes sociales, prenant position contre les discriminations raciales et de genre. L'inclusion et la diversité sont des questions qu'elle a toujours promues et défendues. « Pour moi, il s'agit d'amplifier la beauté en chacun de nous. Je me sentais rarement représentée dans le cinéma, la mode et les autres médias. Je me suis donné pour mission de me servir de mon art pour montrer le style, l'élégance et la séduction des hommes et des femmes de couleur. » Au cours des dix dernières années de sa carrière, Beyoncé est devenue de plus en plus active dans la sphère politique, en intégrant à sa musique les idées d'écrivaines telles que Chimamanda Ngozi Adichie et Audre Lorde. « Ton homosexualité est belle, ta peau noire est belle. Ta compassion, ta compréhension, ton combat pour les gens qui sont peut-être différents de toi, c'est beau. J'espère que tu continueras à aller de par le monde et à leur montrer que tu ne cesseras jamais d'être toi-même. Ton heure est venue, rends-toi visible. La diversité et l'inclusion vont au-delà de la race. » Un message qui met également en avant les droits et l'émancipation des femmes. « À vous, jeunes femmes, nos futures leaders, sachez que vous êtes sur le point de faire basculer le monde. Je vous vois. Vous êtes tout ce dont le monde a besoin. Soyez des femmes puissantes. Visez l'excellence. » Même sur Instagram, elle se démarque : elle dépose quelques photos sans la moindre légende, et ne poste jamais de stories. Cette discrétion sur les réseaux sociaux et ses choix soigneux des événements publics auxquels elle participe résultent des expériences qu'elle a vécues. « Il y a des choses dans ma carrière que j'ai faites parce que je ne comprenais pas que je pouvais dire non. Nous avons toutes plus de pouvoir que nous n'en avons conscience, », a déclaré Queen B, offrant là encore à ses fans une perle d'« *empowerment* ».

C'EST TOI QUI DÉTERMINE TA VALEUR PERSONNELLE. TU N'AS PAS À DÉPENDRE DE QUELQU'UN QUI TE DICTE QUI ÊTRE.

INNA BRAVERMAN

Alors que le monde tente d'agir sur le changement climatique, la « dame des vagues » a toujours été en première ligne. Peu de temps après sa naissance, elle a failli mourir des effets des radiations de Tchernobyl, mais a reçu une seconde chance, et a décidé de consacrer sa vie aux énergies vertes.

Ils sont peu d'entrepreneurs à avoir un parcours aussi extraordinaire que celui d'Inna. À seulement 24 ans et sans la moindre expérience en ingénierie, elle a mis au point une technologie intelligente et peu coûteuse qui exploite la puissance des vagues de l'océan pour produire de l'énergie propre. En soi, cela force déjà l'admiration. Or son parcours de vie n'en est pas moins remarquable, car personne mieux qu'Inna n'est susceptible de comprendre les impacts dévastateurs de certaines sources d'énergie polluantes. Née en Ukraine en 1986, elle s'est trouvée en arrêt respiratoire et a frôlé la mort lorsque la centrale nucléaire de Tchernobyl a explosé, deux semaines après sa naissance. « Ma mère m'a trouvée inanimée dans mon berceau, et j'étais en état de mort clinique. Par chance, étant infirmière, elle a réussi à me réanimer. La vie m'a offert une seconde chance », raconte-t-elle.

LA PASSION EST LA PLUS INTARISSABLE SOURCE D'ÉNERGIE RENOUVELABLE.

Quand Inna avait 4 ans, sa famille a émigré en Israël. Elle y a ensuite étudié les sciences politiques et la littérature anglaise à l'université de Haïfa. Alors qu'elle travaillait comme traductrice à Tel Aviv, dans une entreprise d'énergies renouvelables, Inna s'est prise de passion pour l'idée d'explorer le potentiel de cette étendue bleue qu'elle avait l'habitude de contempler tous les jours. « J'ai grandi au bord de la plage en Israël, les yeux rivés sur l'océan. » Comme elle, les deux tiers de la population mondiale vivent à proximité d'un littoral et, selon le Conseil mondial de l'énergie, les vagues océaniques sont susceptibles de fournir deux fois l'électricité dont notre planète a besoin. Ainsi, quand Inna a rencontré le surfeur canadien David Leb, tous deux ont eu l'idée d'exploiter l'énergie des océans en utilisant un système simple mais intelligent, composé de bouées accrochées à des structures artificielles déjà existantes comme des jetées ou des piliers, simplifiant ainsi la mise en place, la maintenance et l'accessibilité du dispositif. En 2011, elle a créé la société Eco Wave Power.

Peu après, la première centrale a été inaugurée dans le port de Jaffa, en Israël. Le même modèle a été reproduit dans d'autres régions du monde et s'est révélé extrêmement efficace et respectueux de l'environnement. « Contrairement aux installations off-shore, nous ne posons pas de câbles au fond de l'océan, ce qui perturbe la vie marine. » Sa société est depuis cotée à la bourse NASDAQ de Stockholm, et Inna a été désignée comme l'une des trente femmes les plus influentes du monde par la prestigieuse liste MSN, aux côtés de Michelle Obama et Oprah Winfrey. Le magazine *Wired* l'a fait figurer sur la liste des « Femmes qui changent le monde », et l'ONU lui a décerné le Global Climate Action Award. Son travail a été documenté dans le court-métrage *Female Planet*, réalisé par Google en reconnaissance de son engagement à changer le monde, vague après vague.

C'EST QUELQUE CHOSE QUI EST IMPORTANT POUR NOUS, POUR NOS ENFANTS ET POUR LES ENFANTS DE NOS ENFANTS : L'ÉTAT DANS LEQUEL NOUS LEUR LAISSERONS LA PLANÈTE.

MARIA GRAZIA CHIURI

Grâce à elle, le catwalk *de Dior est devenu une plateforme de dialogue à propos du nouveau rôle des femmes. Elle est la créatrice italienne qui redéfinit les règles du monde de la mode avec féminisme, pragmatisme et dynamisme.*

Sa passion pour la mode est au service des femmes. Afin de les placer au cœur de l'histoire, elle se sert de ses défilés pour mettre en lumière des questions qui lui tiennent à cœur, bousculant les attentes par des choix à contre-courant. Comme lorsqu'elle a présenté une collection de T-shirts sur lesquels étaient imprimés des titres d'essais féministes : *Pourquoi n'y a-t-il pas eu de grands artistes femmes ?* de Linda Nochlin, et *Nous sommes tous des féministes* de l'activiste Chimamanda Ngozi Adichie. « J'ai fait cela pour deux raisons. Premièrement, parce que nous avons oublié les combats d'émancipation qui ont eu lieu dans le passé. En fait, le monde régresse dangereusement. Ensuite, parce que je veux recourir aux podiums pour soutenir ce en quoi je crois, promouvoir des idées et des personnes qui m'intéressent. La mode a un énorme pouvoir et une immense audience. »

LA MODE, COMME L'ART, PEUT ÊTRE UN PUISSANT MOYEN DE ROMPRE AVEC LES SCHÉMAS CULTURELS ET VISUELS DOMINANTS.

Avec ses cheveux platine, ses tenues presque toujours noires quasi dépourvues d'accessoires, Maria Grazia Chiuri figure dans le prestigieux classement annuel du *Financial Times* des « Dix femmes les plus influentes du monde ». Et pourtant, elle affirme que la célébrité, ce n'est pas pour elle. « J'incarne la créatrice de mode la moins cool qui soit : j'ai 57 ans, deux fils et je suis mariée. » Elle a construit sa carrière étape par étape, en cultivant une passion née lorsqu'elle regardait sa mère travailler dans sa boutique de tailleur à Rome. Elle fait ses premiers pas dans le monde de la mode chez Fendi, puis met son talent au service de Valentino, et enfin elle débarque à Paris comme directrice de la création de la marque qui a inventé le « New look » : Christian Dior. Les magazines de mode l'ont surnommée « l'Italienne sur le trône de France ». Lorsqu'elle a fait ses débuts sur les podiums, elle a scindé le public en deux, plaçant au premier rang non seulement des célébrités, mais aussi des héroïnes des temps modernes, des écrivaines, des artistes et des personnalités symboles de résilience. « J'ai choisi l'exemple d'escrimeuses comme Bebe Vio pour clarifier une fois pour≈toutes un truc à propos des femmes : arrêtez de chercher des contes de fées. »

Elle fait preuve d'humilité car même si elle a conscience d'avoir réalisé de grandes choses, elle refuse de s'en attribuer tout le mérite car, comme elle l'a déclaré à plusieurs reprises, « chaque projet est le fruit du processus créatif d'un travail d'équipe. » Elle aime collaborer avec des artistes contemporains afin de faire des défilés de mode un puissant outil de rupture des schémas culturels et visuels dominants. Son objectif ? « Transformer la mode en un véhicule grâce auquel nous pouvons construire un monde réel, un monde de femmes aux multiples facettes qui sont belles parce qu'imparfaites », a-t-elle déclaré dans une interview au *Figaro Madame*. « Chaque fois qu'on me demande si je suis une créatrice de mode politique, je réponds toujours oui, car tout ce que nous faisons dans notre vie est politique. » En tant que directrice de la création de Dior, elle a été honorée de la Légion d'honneur, la plus haute distinction qui soit au sein de la République française. « Je suis parfaitement consciente de travailler sur un marché contesté par les féministes. Mais j'ai aussi conscience que nous vivons tous dans un système capitaliste. Je préfère essayer, de l'intérieur, de rendre le monde de la mode meilleur. »

MISTY COPELAND

C'était une enfant « quasiment à la rue », et aujourd'hui elle est danseuse étoile de l'American Ballet Theatre à New York. Véritable cygne noir, elle a remporté sa bataille contre la pauvreté et les préjugés grâce à ses sourires et ses pirouettes.

Elle mesure 1,80 m, affiche un physique d'athlète, et a tordu le cou aux stéréotypes du ballet classique : « Il est important pour moi d'envoyer un message clair, de montrer l'exemple de ce qu'est une image saine de ce que peut être une ballerine. Ce ne doit pas forcément être une femme blanche longiligne. Elle peut ressembler à n'importe quelle femme dans le monde. » Grâce à ses réalisations, Misty a démantelé une à une toutes les barrières de la race en défiant les préjugés. « C'est quelque chose qui est tellement ancré dans la culture du ballet, en nous en tant que danseurs, que l'on imagine un certain type de personnes dans ce rôle, alors c'est incroyable de pouvoir être un cygne noir », a-t-elle déclaré dans une interview pour la BBC, anéantissant ainsi en une seconde des siècles de canons esthétiques qui n'autorisaient en première ligne que des ballerines célestes et quasi-anorexiques au teint de porcelaine.

LÀ D'OÙ TU VIENS NE DÉTERMINE PAS NÉCESSAIREMENT LÀ OÙ TU VAS DANS LA VIE.

Aujourd'hui, en la regardant danser sur les scènes du monde entier, personne ne pourrait imaginer que cette étoile du ballet a été élevée dans une famille très pauvre du Missouri et qu'elle avait l'habitude de dormir dans des chambres de motel avec sa mère et ses cinq frères et sœurs. Il est encore plus surprenant qu'elle ait découvert le ballet alors qu'elle était déjà âgée de 13 ans, ce qui est clairement tard pour une danseuse de ballet. Cependant, elle avait du talent et une volonté extraordinaire. Ainsi, en l'espace de trois mois, Misty dansait déjà sur pointes et de nombreuses personnes se sont mises à parier sur elle, à commencer par son professeur de ballet, organisant des cours et lui faisant passer des auditions. Au bout de trois ans, les récompenses ont commencé à affluer et elle a alors obtenu le rôle de l'Oiseau de feu dans le ballet du même nom du chorégraphe russe Alexei Ratmansky. Lors de la soirée d'ouverture au Metropolitan Opera House de New York, Misty a immédiatement compris que quelque chose d'important se passait : « Je n'avais jamais vu un public composé à 50 % d'Afro-Américains. C'était bouleversant de savoir qu'ils étaient si nombreux à être venus soutenir ce que je défendais. »

À l'âge de 17 ans, grâce à une bourse d'études, elle débute sa carrière à l'American Ballet Theatre, où elle est acceptée comme élève, et elle forge son avenir en entrant dans le corps de ballet avant de devenir première danseuse en 2015. Les temps changent, mais Misty demeure toujours une exception. « Je n'étais pas tout à fait préparée à devenir la seule Afro-Américaine à l'American Ballet Theatre au cours des deux dernières décennies », a-t-elle déclaré lors d'une émission de télévision. « Le fait de réaliser qu'il y a très peu de Noirs dans les meilleures compagnies de ballet du monde a été le plus grand choc auquel j'ai dû faire face au cours de ma carrière. Je crois qu'il faut plus de diversité dans tous les domaines, sur scène, parmi le public, dans la direction, et qu'il faut encourager les nouvelles générations dans ce sens. »

Elle a certainement fait sa part en dansant dans un film Disney, en posant pour le calendrier Pirelli et en inspirant une poupée Barbie vêtue du même costume rouge que celui qu'elle portait dans *L'Oiseau de feu*, dans son premier rôle principal. Elle est l'incarnation d'un rêve et l'idole des jeunes filles afro-américaines qui se cherchent des modèles dans une société encore trop blanche.

TOUT CE QUE VOUS POUVEZ FAIRE, C'EST DONNER LE MEILLEUR DE VOUS-MÊME. JE REPRÉSENTE PLUS QUE MOI-MÊME. JE PENSE QUE TOUT LE MONDE DEVRAIT VIVRE COMME ÇA.

SAMANTHA CRISTOFORETTI

Deux vies ne suffiraient peut-être pas à assembler un curriculum vitae comme le sien. Avec son caractère d'acier, ses nerfs en titane et son cœur high-tech, « AstroSamantha » partage avec le monde entier ses aventures spatiales pour encourager les jeunes filles à s'efforcer de réaliser leurs rêves.

Il faut 90 minutes à la Station spatiale internationale pour se mettre en orbite autour de la Terre. « On n'a jamais une vue globale de la planète entière. Donc, on en voit chaque fois un quartier mais une fois qu'on en fait le tour complet, c'est comme si on étreignait toute l'humanité. » C'est ainsi qu'« AstroSamantha », comme on l'a surnommée, parle de son émotion quand elle regarde la Terre depuis l'espace. Cette même émotion qu'elle a ressentie en tant qu'enfant, quand elle avait l'habitude d'observer les étoiles depuis les sommets des Alpes italiennes. « Grandir dans les montagnes, ça veut dire être plus proche du firmament. Je me remémore sa présence dans les nuits de mon enfance », affirme-t-elle. Depuis lors, elle a littéralement pris son envol pour réaliser son rêve avec une détermination inébranlable.

LES FEMMES SE DISENT SOUVENT : « JE NE SUIS PAS À LA HAUTEUR, PERSONNE NE ME PRENDRA AU SÉRIEUX. » MAIS C'EST FAUX. REGARDEZ-MOI !

Avec deux diplômes et une certification du programme Euro/OTAN de formation commune de pilote d'avion de chasse obtenue au Texas, Samantha est autorisée à piloter diverses catégories d'appareils. En plus de l'italien, elle parle couramment l'allemand, le français, l'anglais et le russe. Elle est Commandeur et Chevalier Grand-Croix de l'Ordre du Mérite de la République italienne. De plus, elle détient un record unique, puisque, selon toutes les enquêtes, Samantha représente le modèle féminin idéal pour la plupart des jeunes filles italiennes, même si elle s'en défend : « Un astronaute n'est pas un génie, mais une personne qui sait s'adapter partout et qui est capable d'être assez polyvalente. » Modeste mais directe, elle intègre en 2009 les équipages de l'Agence spatiale européenne, se classant parmi les six meilleurs sur 8 500 candidatures, même si elle a failli échouer à la visite médicale requise pour intégrer l'ESA. En effet, mesurant un mètre quatre-vingts, elle se situe juste au-dessus de la norme de taille minimale établie. Cinq ans plus tard, le 30 novembre 2014, elle a décollé en direction de la Station spatiale internationale, saluant la Terre avec le même calme et la même confiance qu'une personne assise dans son salon. Pendant ces deux cents jours dans l'espace, elle a constamment maintenu le contact avec la Terre grâce aux réseaux sociaux, donnant des interviews et tweetant des photos et des mises à jour très populaires.

Elle a acquis une immense notoriété, non seulement grâce à son courage et à son expertise professionnelle, mais aussi par sa joyeuse débrouillardise toujours ponctuée d'une discrétion absolue. « Je ne suis pas et je ne veux pas devenir une célébrité. Les astronautes ne sont pas des célébrités ; nous ne faisons que partager ce que nous faisons ainsi que l'expérience que nous avons la chance de vivre. » Son aventure suivante fut la maternité. Cela n'a jamais été un obstacle pour elle, qui a toujours réussi à concilier vie familiale et vie professionnelle. « Lorsqu'il y a deux parents, la gestion des enfants n'incombe pas uniquement à l'un d'eux mais plutôt au couple, et s'il arrive que l'un des parents se trouve très pris pendant plusieurs années, il est alors normal que l'autre se consacre davantage à la prise en charge de la famille. » Après avoir effectué une mission dans la seule station de recherche sous-marine au monde, Samantha a reçu un ordre de mission pour retourner dans l'espace. « À l'ESA, nous encourageons la participation féminine parce que nous souhaitons éviter que les filles qui pourraient être parfaites dans ce rôle restent en retrait par crainte de ne pas être à la hauteur. » Samantha souhaite encourager les jeunes aspirantes astronautes à suivre le chemin de leurs rêves, qui s'avère le plus difficile mais le plus excitant qui puisse exister.

JE NE VOIS PAS DE DIFFÉRENCE ENTRE LES HOMMES ET LES FEMMES. LA SEULE DIFFÉRENCE SE SITUE ENTRE LES GENS COMPÉTENTS... ET LES AUTRES

ELIZABETH DILLER

Derrière le MoMA et la High Line se cache une âme rebelle qui remet en question le concept traditionnel de ville en transformant l'environnement par des projets marquants, avec la conviction que faire de l'architecture une expérience est l'idée gagnante.

Lorsque Elizabeth Diller a décroché son diplôme à la Cooper Union de Manhattan, elle n'avait pas dans l'idée de concevoir des maisons et des bureaux. « Je n'ai jamais imaginé que j'allais devenir architecte au sens conventionnel du terme », admet-elle. Née en Pologne et élevée à New York, elle a choisi d'étudier l'architecture poussée par son intérêt pour l'art et le potentiel infini de l'utilisation de l'espace urbain pour créer des expériences artistiques. Elle a conservé cette philosophie même après avoir fondé son propre studio d'architecture avec Ricardo Scofidio, son professeur devenu par la suite son mari.

SI JE DEVAIS ME DÉCRIRE, JE DIRAIS QUE JE SUIS UNE ARTISTE ET UNE ARCHITECTE, SANS PRÉCISER QUE JE SUIS UNE FEMME.

Pendant vingt ans, ils n'ont pas conçu le moindre bâtiment et se sont consacrés à l'enseignement universitaire et à des installations artistiques qui enthousiasmaient les élites intellectuelles, mais effrayaient les clients potentiels. « Il nous a fallu deux décennies pour commencer à travailler en tant qu'architectes. Ricardo et moi avons toujours enseigné à l'université pour subvenir à nos besoins. » Puis les choses ont évolué. Ils ont été les premiers architectes à décrocher la très convoitée bourse MacArthur en 1999. Entre-temps, ils ont accédé à la notoriété internationale grâce aux impressionnants projets conçus par le studio Diller Scofidio + Renfro. Elizabeth a réalisé des espaces publics qui ont marqué l'histoire de l'architecture, comme la High Line de New York, une ligne de fret ferroviaire suspendue désaffectée transformée en zone piétonne, ou encore le parc Zaryadye à Moscou, à quelques pas de la place Rouge, mais également le futuriste Broad Museum de Los Angeles et deux symboles de Manhattan, la nouvelle aile du MoMA et le Shed, un espace artistique modulable pour les performances et les concerts. Pour elle, le défi a toujours été d'imaginer l'avenir des nouveaux bâtiments, en les concevant selon l'idée de la ville comme bien public.

« Dans un monde qui évolue rapidement, nous construisons des géants fixes, coûteux et ancrés. En construire de nouveaux sans imaginer un nouveau paradigme qui aura du sens même dans quarante ans rend notre travail obsolète avant même qu'il ne soit achevé. » Seule architecte à avoir figuré deux fois sur la liste des cent personnes les plus influentes du *Time*, Elizabeth affirme avoir bénéficié de la force du mouvement féministe. « Je n'ai jamais eu le moindre doute quant au fait que tout m'était accessible. Cela dit, il est juste de maintenir le niveau de vigilance sur les questions de genre. Car si l'architecture académique n'a pas de préjugés, l'architecture en tant que profession en est remplie. L'image de l'architecte-héros est encore celle de l'homme blanc et visionnaire. Et si la moitié des étudiants sont des femmes, seuls 20 pour cent d'entre elles travaillent effectivement, car les opportunités manquent surtout pour elles. » Elizabeth est déterminée à faire sa part. En plus de diriger un cabinet bienveillant envers les employées désireuses de fonder et d'élever une famille, elle est consciente de l'importance de donner le bon exemple. L'égalité des salaires et des chances est un droit fondamental, selon la lauréate du prix Jane Drew 2019, qui lui a été décerné « pour avoir amélioré la visibilité des femmes en architecture. »

BILLIE EILISH

La voix de la génération Z a redéfini les règles du jeu comme aucune autre artiste musicale. Troquant son baggy pour un style pin-up, Billie Eilish a surmonté toutes les formes de complexes physiques avec sa formule magique : « Je suis la seule personne que je dois aimer. »

Poster une photo sur les réseaux sociaux et obtenir un million de *likes* en six minutes, voilà qui est possible quand on s'appelle Billie Eilish et que l'on apparait en couverture de Vogue avec un look qui révolutionne radicalement son image. Blonde, avec une coiffure évoquant les pin-ups des années 1950, cette version femme fatale de l'artiste jusqu'ici connue pour son style baggy et unisexe (ainsi que pour ses emblématiques mèches de cheveux vert fluo) a beaucoup surpris, et pas seulement pour des raisons esthétiques. Le message *d'empowerment* véhiculé par l'artiste a secoué le monde de la mode et de la communication. « Tout d'un coup, tu es une hypocrite si tu veux dévoiler un bout de peau, et tu deviens une fille légère. Si c'est le cas, alors j'en suis fière. De moi et de toutes les autres nanas. »

QUEL INTÉRÊT DE FAIRE PLAISIR AUX AUTRES ? FAUT QU'ON SE BOUGE ET QU'ON CHANGE LE MONDE, ET ON EST LA GÉNÉRATION QUI VA S'ENGAGER DANS CETTE VOIE.

« Retournons ce concept et émancipons-nous grâce à lui. Montrer son corps ne devrait pas nous faire perdre le respect », a déclaré Billie dans une interview puissante pour *Vogue* dans laquelle tout le monde en a pris pour son grade : les hommes, les dynamiques de pouvoir, les réseaux sociaux, les attentes en matière de mode et les normes patriarcales de beauté. « Si tu as envie de te faire opérer, fais-toi donc opérer. Si tu as envie de porter une robe dont quelqu'un trouve qu'elle te boudine, porte-la, si tu as l'impression d'être belle, tu es belle. » Ce message a eu un grand impact sur une génération qui est encore à la recherche de sa propre identité. Après tout, la jeune Billie Eilish, âgée de 20 ans, est encore en pleine évolution, et en est parfaitement consciente : « On n'est même pas censé savoir vraiment qui on est avant d'avoir au moins mon âge. » En jouant avec son image, la chanteuse aux 45 millions d'auditeurs mensuels sur Spotify affirme haut et fort son désir de renaissance, à la fois pour elle et pour toutes les filles qui la choisissent comme modèle. En évoquant les troubles alimentaires dont elle a souffert durant sa jeunesse, elle a déclaré que le ressentiment envers son propre corps constituait la raison initiale de sa dépression, dont elle s'est remise grâce à sa capacité retrouvée à se sentir bien dans sa peau.

Enfant, Billie chantait au sein du Los Angeles Children's Chorus, et elle a rencontré un succès inattendu alors qu'elle faisait ses débuts en ligne avec son premier single *Ocean Eyes*, qui l'a propulsée au sommet des charts : elle n'avait alors que 13 ans. Avec ce premier succès, elle n'a pas seulement créé de la musique, mais aussi un style qui représentait quelque chose de nouveau, quelque chose qui n'avait jamais existé auparavant, un mélange d'inspiration *gender-fluid* avec des vêtements issus du monde des skateurs et du hip-hop, qui rendaient son corps insondable. La nouvelle version de Billie a choqué certains de ses fans qui souhaitaient qu'elle reste suspendue – tel Peter Pan – dans l'état exact dans lequel ils l'avaient rencontrée pour la première fois. « Les gens s'accrochent à ces souvenirs, mais c'est très déshumanisant », a-t-elle commenté.

Hier comme aujourd'hui, elle suit son propre chemin, sans se laisser influencer par les tendances du moment. « Je suis qui je suis. Je suis la seule personne que je dois aimer », a déclaré la lauréate de sept Grammy Awards, faisant monter les enchères avec son nouvel album, *Happier Than Ever*. Un manifeste idéal pour une jeune femme de plus en plus consciente de son unicité.

IL Y A ENCORE DES GENS QUI FLIPPENT DE VOIR DES FEMMES RÉUSSIR, ET C'EST VRAIMENT NASE.

ALICE FARNHAM

Du talent, de l'expertise, de la persévérance, mais aussi de l'autorité : voilà ce qu'il faut pour diriger un orchestre, que l'on soit homme ou femme, sans distinction. En agitant sa baguette, Alice encourage les jeunes musiciennes à monter sur scène et à voler toujours plus haut avec les ailes de la musique.

Sur l'estrade, il faut de l'aplomb, mais aussi le courage d'affronter un double jugement, car il y a le public dans votre dos et, devant vous, les maestros de l'orchestre que vous devez diriger. C'est pourquoi, tenir une baguette est une histoire de leadership auquel les hommes ne renoncent qu'à contrecœur. « Il est encore rare de croiser des femmes cheffes d'orchestre. Tant que les représentations n'évoluent pas, les filles auront tendance à ne pas se projeter dans ce rôle », affirme Alice. Elle-même ne s'était pas imaginé une telle chose lorsque, à 18 ans, elle s'est retrouvée une baguette à la main pour diriger une chorale. « Ma première expérience de direction d'orchestre fut mortifiante : j'avais un trac fou, et pas la moindre idée de la façon dont j'allais dire aux gens ce qu'ils devaient faire. C'était la dernière profession que je m'imaginais exercer. »

CETTE IDÉE QU'IL FAUT UN HOMME SUR L'ESTRADE EST TELLEMENT ANCRÉE QUE LES FEMMES NE POUVAIENT PAS SE PROJETER À CETTE PLACE. JE ME SUIS DIT : CHANGEONS ÇA !

À l'époque, elle étudiait la musique à Oxford et n'avait pas l'ambition de prendre la tête d'un orchestre, mais avec le temps, elle a découvert que ce rôle lui plaisait. « Il m'a fallu deux ou trois années embarrassantes à essayer de diriger la chorale de la chapelle et la société de musique du collège avant de réaliser soudain que j'aimais ça. » Petit à petit, elle a appris à gérer la tension, et au moment où elle a obtenu son diplôme, elle avait déjà trouvé sa vocation. Afin de progresser, elle a décidé de partir en Russie avec l'idée de n'y rester que trois mois pour étudier auprès du célèbre chef d'orchestre Ilya Musin à Saint-Pétersbourg. Elle y est finalement restée trois ans, sans jamais regarder en arrière. « Si j'avais su à l'époque à quel point ce serait difficile, je me demande parfois si j'aurais vraiment fait ça. » Dès son retour au Royaume-Uni, elle a remporté ses premiers succès et s'est rendu compte que la direction d'orchestre est un métier de musiciens, qu'ils soient hommes ou femmes. Selon Alice, toute personne ayant étudié la musique, qui sait jouer d'un instrument et possède suffisamment de charisme peut accéder à cette profession. Elle a donc décidé de soutenir et encourager les jeunes musiciennes à choisir une carrière comme la sienne en organisant des séminaires de femmes cheffes d'orchestre. Au fil des ans, elle a collaboré avec de grands orchestres : le Royal Opera House, l'English National Ballet et le BBC Concert Orchestra. « Je ne veux forcer personne à diriger, et c'est une activité qui ne convient certainement pas à tout le monde. Mais j'ai envie d'inspirer les jeunes femmes et leur montrer que la direction d'orchestre est une option – une chose qu'elles n'ont peut-être même pas envisagé auparavant – et ces cours offrent un espace bienveillant pour s'y essayer. » En tant que directrice artistique du projet de la Royal Philharmonic Society, Alice a travaillé avec plus de cinq cents musiciennes, leur offrant à toutes l'occasion de tenir une baguette. « Mon objectif principal est de leur donner la confiance nécessaire pour se tenir devant des gens et s'élever. » Mais son ambition est bien plus vaste : ce serait qu'un jour autant de femmes que d'hommes dirigent des orchestres. « Je pense que nous avons encore du chemin à parcourir. D'ici là, je défendrai ces femmes et je veillerai à ce que leurs carrières soient épanouissantes. »

TATYANA FAZLALIZADEH

Sa toile, c'est la rue. Les affiches qu'elle dessine sont à la disposition de toutes celles et ceux désireux de partager son combat contre le harcèlement, car le sourire des femmes ne peut exister s'il n'y a pas de respect.

« Ne m'appelez pas *baby* ». « Arrêtez de demander aux femmes de sourire. » « Les femmes ne sont pas là pour votre bon plaisir. » Voilà le genre de mises en garde que l'on retrouve sur les murs du monde entier, de Philadelphie à Paris, accompagnées de portraits de femmes dessinés à la main et apposés sur les murs comme s'il s'agissait de publicités ou d'affiches électorales. Mais ne voyez-là aucune stratégie marketing. Juste la colère et la frustration d'une artiste qui est aussi une femme et qui, à ce titre, reste la cible de sollicitations déplaisantes qu'encore trop d'hommes se permettent d'émettre lorsqu'ils croisent une femme. « Je voulais parler du harcèlement de rue, il était donc plus logique pour moi d'élaborer ce travail au cœur de la rue. »

NOT OWE YOU THEIR
OR CONVERSATION
TO BE FREE. WITHOUT FEAR THAT MY BODY WILL BE SEEN AS AN INVITATION, OR MY BLACKNESS AS A
STOP TELLING WOMEN TO SMILE
WOMEN ARE NOT SEEKING YOUR VALIDATION

JE VEUX TRAVAILLER NOTRE SOCIÉTÉ, POUR LA FAIRE ÉVOLUER VERS UN MONDE MEILLEUR.

« La rue est une toile différente, un lieu alternatif où poser son travail. Je me sers de l'environnement comme partie intégrante de mon art, a expliqué Tatyana en évoquant *Stop Telling Women to Smile*, son projet le plus célèbre, qui a aussi donné naissance à un livre. « C'est la raison d'être de ce projet. Faire comprendre que les femmes devraient être libres de prendre le train, de faire leurs courses ou d'aller à l'école sans avoir à changer de trottoir pour éviter les hommes qui tentent de les aborder dès qu'ils les aperçoivent. Il est inacceptable de les faire s'arrêter pour les forcer à engager une conversation ; il est inacceptable de leur demander de sourire. Cela ne signifie aucunement que les interactions entre hommes et femmes dans la rue devraient être inexistantes. Cela signifie juste que tout devrait se passer de manière sereine et respectueuse. » Tatyana a commencé à apposer ses affiches en 2012, diffusant un message qui, au fil des ans, a largement dépassé les frontières américaines. « Mon œuvre a été installée sur les murs de villes où je ne suis jamais allée, explique Tatyana, qui a donné à tout un chacun la possibilité de télécharger ses affiches sur le site www.stoptellingwomentosmile.com afin de les apposer dans son propre quartier.

Née et élevée dans l'Oklahoma, Tatyana a suivi des études d'art à Philadelphie, et c'est là, alors qu'elle travaillait sur une fresque murale, qu'elle a entendu des hommes lui lancer des commentaires désobligeants dans son dos : cela lui a inspiré son projet, qui s'est ensuite développé grâce aux témoignages d'autres femmes. Tatyana a réalisé un portrait de chacune de ces femmes, avec un message adressé aux hommes. Son projet a rencontré un large écho médiatique qui l'a menée jusqu'aux pages du *New York Times* et a même attiré l'attention de Spike Lee, lequel s'en est inspiré pour écrire la série télévisée *Nola Darling n'en fait qu'à sa tête*. Le réalisateur lui a proposé une collaboration non seulement pour la réalisation des œuvres qui apparaissent dans la série, mais aussi en tant que conseillère pour la création du personnage principal, Nora Darling, une jeune artiste qui crée la série d'affiches *Mon nom n'est pas...* Créative et infatigable, Tatyana a abordé, avec la même audace, la délicate question de l'avortement et l'ombre du racisme. Elle a rendu ses sentiments publics avec *America Is Black*, une fresque murale exposant une série de portraits de femmes, dont sa mère, accompagnée de ces lignes : « L'Amérique est noire. Elle est indigène. Elle porte un hijab. Elle parle espagnol. Elle est migrante. C'est une femme. Elle est ici. Elle de passage. Et elle restera. »

C'EST DE L'ART, IL N'EST PAS NÉCESSAIRE QUE CE SOIT PARFAIT. CE N'EST PAS FIGÉ, C'EST CENSÉ ÉVOLUER.

CHIARA FERRAGNI

La numéro un mondiale des influenceuses de mode est une entrepreneuse digitale italienne qui s'adresse à ses fans avec spontanéité et honnêteté. À partir d'un blog, elle a construit un empire. Son secret ? La confiance en soi.

Avant les millions de *followers*, les couvertures des magazines et les contrats à plusieurs millions de dollars, Chiara était une jeune fille ordinaire, même si elle avait quelque chose de spécial : un rêve, et la détermination de le réaliser. Ainsi qu'une famille qui a toujours cru en elle. « J'ai acquis la majeure partie de ma confiance en moi durant mon enfance, grâce à ma mère qui nous disait, à moi et à mes sœurs : tout ce que vous voudrez, vous parviendrez à le réaliser. Depuis que nous sommes petites, elle nous encourageait à ne pas attendre le prince charmant, mais à être indépendantes. »
Une leçon qu'elle a parfaitement intégrée, et personnalisée avec une touche de douceur.

SI JE M'ÉTAIS **ARRÊTÉE** À MES **INSÉCURITÉS**, JE N'AURAIS JAMAIS **ACCOMPLI** LE **CENTIÈME** DE CE QUE J'AI ACCOMPLI.

« Pour moi, le féminisme, c'est ne pas avoir besoin de copier certaines attitudes masculines pour atteindre des objectifs professionnels importants ; c'est porter une robe courte pour le plaisir de se sentir belle, et c'est aussi ne pas avoir peur d'être jugée. » Partie de rien en postant ses photos sur un blog, elle a sauté au plafond lorsqu'elle a décroché ses premières invitations à des défilés de mode. « Les premiers défilés auxquels j'ai été conviée se résumaient à des invitations debout, d'où l'on n'arrive à voir qu'une petite partie du spectacle, alors que les personnes importantes sont assises au premier rang », se souvient-elle. Aujourd'hui, tout le monde se l'arrache sur les tapis rouges, signe que l'avenir dont elle rêvait s'est transformé en un présent encore plus brillant que ce qu'elle aurait pu imaginer à l'époque où elle a lancé TheBlondSalad.com après avoir décidé de quitter l'université et investi 500 € dans un appareil photo et un nom de domaine en ligne. Cliché après cliché, elle a fait de sa passion pour la mode un métier. Puis, elle est allée encore plus loin en créant une entreprise multimillionnaire qui affiche des résultats vertigineux grâce à des lignes de vêtements et de maquillage mettant en exergue un œil bleu, le logo de sa célèbre marque médiatique. À 30 ans, Chiara a été nommée par Forbes numéro un mondiale des influenceuses de mode, et la holding Ferragni est devenue un modèle de réussite qui est même étudié à la Harvard Business School. Son ascension imparable se mesure à ses 26 millions de *followers* sur Instagram, d'innombrables contrats avec les marques internationales les plus influentes, une fortune à plusieurs millions de dollars et une nouvelle famille, qui s'est agrandie avec l'arrivée de deux enfants, Leone et Vittoria. Beaucoup de gens la regardent encore de haut, mais pour bâtir un empire comme le sien, il faut plus qu'un simple coup de pouce du destin. À une époque où les réseaux sociaux occupent un rôle central, Chiara comprend parfaitement la responsabilité qui est la sienne envers ses adeptes. « Me servir de mon influence pour promouvoir un produit ou collaborer avec une marque, c'est très bien, mais je pense qu'il est important d'utiliser aussi cette influence pour partager des valeurs et prendre position : nous vivons à l'époque de la responsabilité sociale, il est temps d'être un peu moins neutre et de se battre pour les causes auxquelles on croit. » Elle suit également ce même principe dans son combat pour l'égalité des sexes. « Les femmes sont au cœur de mon univers. Elles sont majoritaires tant dans mon équipe de travail que dans ma famille. Mais une révolution ne se fait pas en un jour, et mon objectif est de me battre toujours plus pour exprimer les valeurs auxquelles je crois, en m'engageant personnellement. »

ODILE GAUTREAU

Avec sa beauté atypique et sa forte personnalité, cette top-modèle est non seulement le visage, mais aussi la voix de toutes les femmes qui choisissent d'être libres de se montrer au monde telles qu'elles sont, sans filtre ni étiquette.

Elle affiche fièrement les taches de rousseur disséminées sur son visage en constellations, ses incomparables cheveux roux mis en valeur par une coiffure afro, et les douces courbes de son corps. Mannequin à succès, Odile est le symbole du mouvement *body positive* qui brise tous les stéréotypes et encourage les femmes à s'afficher avec fierté, quels que soient leur morphologie, leur âge, leur couleur de peau ou leur handicap. « C'est apprendre à être bienveillant avec son corps, à le chérir, et surtout à faire de même avec celui des autres », résume-t-elle. Sur son compte Instagram @ogqueen, elle arbore sans filtre un physique qui, selon les normes imposées par la société, n'est pas « normal » pour une top-modèle. Cela n'a rien d'une provocation, mais c'est une prise de position : « Ainsi, nous nous habituons à la beauté de la différence et à l'expression des corps de toutes les femmes. »

IL N'Y A PAS DE RÈGLES, OUBLIONS LES DIKTATS ET CESSONS DE RECHERCHER UNE PERFECTION INSENSÉE.

Aux antipodes de l'invasion de mannequins blancs et ultra-minces qui défilent sur les podiums, Odile se démarque joliment avec sa beauté encore peu célébrée car considérée comme atypique, un mot qu'elle déteste. « Notre rapport au monde est largement déterminé par les images que nous absorbons. Je m'amuse à en changer les codes », confie-t-elle aux magazines, sur lesquels elle apparaît de plus en plus souvent grâce à la lente mais inexorable évolution qui bouleverse les règles du monde de la mode, qui intègre enfin des corps moins standardisés et des teints différents. Elle donne de la voix pour encourager les femmes à s'aimer et à aimer leur apparence physique en racontant son histoire, et le difficile parcours d'acceptation de soi qu'elle a entrepris. Aujourd'hui, elle est un mannequin engagé, mais son combat ne date pas d'hier. Fille d'une mère ivoirienne et d'un père français, elle avait l'habitude, enfant, de feuilleter des magazines féminins, et avait remarqué que la plupart des femmes ne lui ressemblaient pas. Ses camarades de classe se moquaient toujours de ses cheveux crépus et elle essayait de les lisser pour ne pas se sentir différente des autres filles.

Adolescente, elle décide de se lancer dans une course d'obstacles qui la mènera vers l'acceptation de son corps. Encouragée par ses amis, elle envoie ses photos au magazine *Paulette*, où les protagonistes sont les lectrices elles-mêmes. En un clin d'œil, elle se retrouve en couverture. Après avoir défilé sur les podiums lors des Fashion Weeks du monde entier, et posant pour des campagnes de marques comme Nike et L'Oréal, elle s'est également distinguée dans les magazines en misant précisément sur son anticonformisme et les messages qu'elle désire faire passer. Ce choix lui permet de partager ces modèles d'inclusion qui inspirent ses décisions, comme l'icône de la lutte pour les droits civiques Angela Davis. « Ses combats contre le racisme et le sexisme m'ont aidée à forger ma propre identité. » Fière et consciente de sa singularité, Odile incarne une nouvelle féminité, capable de bouleverser les canons traditionnels de la beauté. « Chaque femme s'épanouit et grandit à sa manière, c'est ce qui nous rend toutes uniques. »

J'AI RÉALISÉ QUE JE M'ÉTAIS TOUJOURS AIMÉE ET ACCEPTÉE, MAIS QUE C'ÉTAIENT LES AUTRES QUI ME POUSSAIENT À NE PAS M'AIMER.

FABIOLA GIANOTTI

Première femme à occuper le poste de directrice générale du CERN, Fabiola est à la tête d'une communauté de 17 000 scientifiques de 110 nationalités différentes. Elle est devenue une icône du progrès et de la coopération, car dans le plus grand laboratoire du monde, la passion de la science n'a ni genre ni passeport.

Quand le CERN a été inauguré le 29 septembre 1954, en pleine guerre froide, elle n'était même pas encore née. Aujourd'hui, Fabiola en est la directrice, et promeut l'idée que le CERN est avant tout un laboratoire producteur de paix. Au sein de ce lieu magique de Genève, où l'on accélère les particules et où l'on scrute les mystères de l'univers, des chercheurs issus de nations en guerre les unes contre les autres travaillent côte à côte, et des lauréats du prix Nobel coopèrent quotidiennement avec de jeunes étudiants. Tous ont en commun une passion pour la science et la connaissance qui nourrit un esprit de coopération internationale. Depuis 2016, le CERN est pour la première fois dirigé par une femme, Fabiola Gianotti, qui vient de se voir renouveler sa confiance, et qui occupera cette fonction jusqu'en 2025.

LES FILLES, POURSUIVEZ SUR LE CHEMIN DE LA SCIENCE AVEC COURAGE. CE N'EST PAS UN MONDE RÉSERVÉ AUX HOMMES.

« C'est un grand honneur et un privilège, mais aussi une immense responsabilité », a-t-elle déclaré, anticipant ses objectifs pour l'avenir, comme la construction de Science Gateway, un bâtiment conçu par Renzo Piano qui fera découvrir aux enfants les mystères de la physique, et de nombreux autres projets impliquant tous les continents. « Nous organisons des activités de formation en physique en Afrique, produisant un effet boule de neige car chaque fois que l'on parvient à semer une graine de connaissance, celle-ci se reproduit puis se répand », a-t-elle expliqué. L'autre priorité de Fabiola, c'est d'impliquer de plus en plus les femmes dans un domaine de recherche considéré comme « masculin » pendant trop longtemps. « Nous sommes encore loin de la parité, mais lorsque je suis arrivée ici en 1994, nous étions moins de 10 pour cent, et aujourd'hui nous atteignons 20 pour cent : il y a donc eu un progrès considérable. Il est faux de dire que la science, ce n'est pas pour les femmes : il n'existe pas de métiers de femmes ou de métiers d'hommes. La science, c'est pour tout le monde, affirme Fabiola. Et personne n'est mieux placé qu'elle pour en faire la démonstration. Aussitôt après avoir décroché son diplôme de physique (et aussi un diplôme de piano au Conservatoire), elle a mis le cap vers Meyrin, dans le canton de Genève, à la frontière entre la France et la Suisse, le siège du célèbre laboratoire de physique des particules. Elle a consacré toute son énergie au CERN, en faisant de la recherche et en développant des logiciels d'analyse de données. En 2012, en tant que porte-parole de l'expérience, Fabiola a officiellement annoncé la découverte du boson de Higgs, la particule qui donne une masse à tout ce qui nous entoure, y compris les êtres humains. La même année, elle figure à la cinquième place dans la liste des personnalités de l'année du *Time* et elle est honorée Grand Officier de l'Ordre du mérite de la République italienne. Avec sa simplicité et sa candeur, Fabiola a également pris position plus d'une fois à propos de l'épineuse question de la contradiction entre science et religion, faisant ainsi table rase de toute idéologie inutile. « Ce que je constate dans la nature, sa simplicité, son élégance, me rapproche de l'idée d'un esprit intelligent ordonnateur. Oui, je crois en Dieu. La science est absolument compatible avec la foi, ce n'est pas contradictoire. L'important est de séparer les deux niveaux : que l'on soit croyant ou non, ce n'est pas la physique qui va nous donner la réponse. »

AMANDA GORMAN

Diplômée de Harvard, cette « fille élevée par une mère célibataire » a illustré de son poème l'investiture du président des États-Unis, rêvant d'enfiler son costume en 2036.

La vie d'Amanda a basculé en moins de six minutes. C'est exactement le temps qu'il lui a fallu pour déclamer *The Hill We Climb* (*La colline que nous gravissons*), le poème qu'elle a rédigé pour l'investiture du 46e président des États-Unis, Joe Biden. Une performance suivie d'applaudissements interminables alors qu'elle quittait la scène, visiblement émue, tandis que le public et les téléspectateurs partageaient tous cette impression qu'ils venaient d'assister à un moment historique. Amanda a rendu ces instants inoubliables non seulement par ses paroles, mais aussi par son apparence. Elle s'est érigée telle une fleur dans son manteau jaune et un bandeau rouge Prada assorti aux bijoux qu'elle avait reçus en cadeau d'Oprah Winfrey, qui compte parmi ses fans. L'animatrice TV avait offert à Amanda une paire de boucles d'oreilles et une bague représentant une petite cage à oiseaux, évoquant les vers de *Je sais pourquoi chante l'oiseau en cage* de la poétesse Maya Angelou, monument de la culture afro-américaine.

POUR CHAQUE AMANDA, IL Y EN A BEAUCOUP D'AUTRES COMME MOI. JE SUIS PEUT-ÊTRE UNIQUE, MAIS EN AUCUN CAS JE NE SUIS SEULE. LE MONDE EST BOUSCULÉ ET TRANSFORMÉ PAR LA NOUVELLE GÉNÉRATION ET IL EST TEMPS DE L'ÉCOUTER.

Avec ces précieux talismans qui l'ont fait se sentir plus forte, Amanda a déclamé son poème avec rythme et assurance, accompagnant ses mots de guillemets imaginaires qu'elle dessinait dans l'air du bout des doigts. Cette compétence, qu'elle possède depuis son enfance, l'a aidée à combattre les difficultés d'élocution qui ont marqué ses jeunes années. Grâce à un entraînement constant en chantant des chansons de rap et en récitant des poèmes à voix haute, elle a transformé ce qui était autrefois une faiblesse en une force. « Cela a fait de moi l'interprète que je suis et la conteuse que je m'efforce d'être », a-t-elle déclaré au *Los Angeles Times*. Attentive aux sonorités, au rythme et à la mélodie, Amanda écrit des poèmes qui parlent de justice, de féminisme et de la diaspora africaine, tout comme ces 128 vers qu'elle a rédigés pour l'événement qui l'a fait connaître dans le monde entier. Ils racontent les deux visages des États-Unis, et encouragent les gens à chercher la lumière derrière chaque ombre, à se montrer résilients face aux obstacles, à les surmonter ensemble, en prenant soin les uns des autres. Elle l'a elle-même expliqué au *New York Times* : « Ce que j'aspire vraiment à faire dans ce poème, c'est pouvoir utiliser mes mots pour envisager une façon dont notre pays peut encore se rassembler et peut encore guérir. »

Dans le poème, elle fait également allusion à son histoire personnelle, se définissant comme « une chétive fille noire descendante d'esclaves et élevée par une mère célibataire [qui] peut rêver de devenir présidente et se retrouve (...) à déclamer pour l'un d'entre eux. » Née à Los Angeles en 1998, elle a un frère aîné et une sœur jumelle, qui est militante et réalisatrice.

À la maison, sa mère a imposé moins de télévision et plus de livres. Ainsi, Amanda a commencé à poser ses pensées dans des journaux intimes, et alors qu'elle n'avait que 16 ans, elle a été certifiée National Youth Poet Laureate. Elle est diplômée avec mention en sociologie de l'université de Harvard, ce qui démontre clairement son engagement en tant que militante pour la défense de l'environnement et la promotion de l'égalité raciale. Le magazine *Time* l'a placée parmi ses cent prochaines personnalités les plus influentes du monde après qu'elle a fait la couverture pour une interview de l'ancienne première dame Michelle Obama. Puis, elle est apparue en couverture de *Vogue* et dans un shooting de mode réalisé par Annie Leibovitz, la photographe des plus grandes célébrités. « C'était un rêve d'être photographiée par l'indomptable Annie Leibovitz », a-t-elle écrit sur sa page Instagram. « [Je suis] la toute première poétesse à faire la couverture du magazine *Vogue*. Je suis éternellement reconnaissante et ne m'attends pas à être la dernière – car qu'est-ce que la poésie sinon la beauté ? »

IL N'EST AUCUNE MONTAGNE IMPOSSIBLE À GRAVIR. NOUS NE SERONS PLUS JAMAIS RÉDUITS AU SILENCE

STEFFI GRAF

Cette légende du tennis a tout gagné. Avec sa grâce, elle n'a pas seulement conquis des médailles, mais aussi le public… et un certain Andre Agassi. Championne sur et en dehors des courts de tennis, elle se consacre aujourd'hui à la fondation qu'elle a créée pour venir en aide aux enfants traumatisés par la guerre.

Cette petite fille qui rêvait d'être photographe pour le *National Geographic* est devenue une championne précoce, puis une jeune retraitée. Depuis l'âge de 3 ans, elle tient une raquette de tennis entre les mains. Son parcours est ponctué de sacrifices et de travail acharné, mais elle ne s'en est jamais plaint, car elle a toujours véritablement adoré son sport. Née à Mannheim, en Allemagne de l'Ouest, elle s'entraînait avec son père qui, dès qu'elle a eu 5 ans, a entrepris de l'inscrire à des tournois. À 13 ans, elle est déjà championne d'Europe des moins de 18 ans et, dans son pays, on commence à l'appeler « Fräulein Forehand », c'est-à-dire « Miss Coup droit ». Elle remporte son premier tournoi du Grand Chelem, qui compte parmi les quatre tournois majeurs du circuit mondial, en gagnant le tournoi de Roland Garros en 1987 contre la légendaire Martina Navratilova.

ON NE PEUT PAS PRENDRE LA MESURE DU SUCCÈS SI ON N'A JAMAIS CONNU L'ÉCHEC.

Sans jamais se départir de son élégance naturelle, l'année suivante, elle bat toutes ses adversaires et parvient à remporter le Grand Chelem Doré, un exploit unique qui comprend les quatre titres du Grand Chelem plus la médaille d'or olympique. Elle devient numéro un mondiale, une position qu'elle occupe pendant 377 semaines, grâce à son caractère de fer et à son physique athlétique, agile et puissant. La presse dit d'elle qu'elle possède les plus belles jambes du circuit tennistique. En 1989, le pressentiment qu'elle va à nouveau s'adjuger le Grand Chelem s'évanouit lorsqu'elle perd en finale de Roland-Garros, contre l'implacable Espagnole Arantxa Sánchez, qui a brisé son élan. Ce fut-là une révélation inattendue, comme si tout le monde avait brusquement réalisé que Steffi pouvait aussi perdre. La boucle a été bouclée sur ce même court de tennis, au cœur de Paris. Steffi a aimé ce tournoi de Roland-Garros de tout son cœur, et son amour lui a été rendu. À tel point qu'on lui a permis à titre exceptionnel d'emporter chez elle la porte de son casier, le numéro 19. Aujourd'hui, à sa place, on trouve le numéro 18B. À l'époque, à seulement 30 ans, elle avait déjà accompli tout ce qu'elle voulait dans le monde du tennis.

« Je sens que je n'ai plus rien à prouver », a-t-elle déclaré. Après avoir remporté 22 tournois du Grand Chelem et tous les titres les plus prestigieux, elle a décidé d'arrêter, mais à sa manière. Avec le même engagement qu'elle avait déployé pour son tennis, la timide Steffi, qui avait l'habitude de se cacher derrière ses trophées, s'est engagée à rester à l'écart des projecteurs, sans biographie à plusieurs millions de dollars, avec très peu d'interviews et sans fréquenter la haute société. Elle n'a fait que quelques apparitions publiques en tant qu'ambassadrice de la fondation Children for Tomorrow, qu'elle a créée en 1998 pour aider les enfants nés dans des zones de guerre. Personne ne savait qu'elle avait commencé à fréquenter secrètement Andre Agassi. À l'annonce du mariage, le couple a immédiatement été acclamé. Ces deux champions vénérés forment un duo parfait, composé de deux individualités qui ont passé la majeure partie de leur vie avec une raquette de tennis entre les mains, en se respectant toujours. Comme dans un match de tennis sans fin, où la balle revient inlassablement de l'autre côté du court.

NE JAMAIS REGARDER DERRIÈRE SOI,
MOI JE REGARDE DEVANT.

KIRSTEN GREEN

Elle figure régulièrement sur la liste des femmes les plus puissantes établie chaque année par Forbes. *Écoutant son intuition, Kirsten finance des startups dirigées par des femmes et soutient des entrepreneuses, en recherchant les « licornes ».*

Elle compte parmi les cent personnalités les plus influentes selon le *Time*. Elle a été désignée parmi les vingt meilleurs capital-risqueurs par le *New York Times* et a figuré plus d'une fois dans la Midas List de *Forbes*. Elle a remporté les Crunchies Awards de *TechCrunch* et figuré sur la liste New Establishment de Vanity Fair. « La Silicon Valley a besoin de plus de capital-risqueurs comme Kirsten qui ne se contente pas d'embaucher des femmes, mais cherche également à investir dans des entreprises dirigées par des femmes », écrit le *Time*. En faisant la chasse aux « licornes », comme on les appelle dans le jargon financier, elle a investi dans des entreprises privées qui ont atteint une valorisation boursière de plus d'un milliard de dollars.

NOUS AVONS BESOIN DE PLUS DE FEMMES PIONNIÈRES QUI SE LANCENT POUR S'APPROPRIER LEUR PROPRE HISTOIRE ET FORMULER LEURS PROPRES REVENDICATIONS.

Et c'est encore mieux pour elle s'il y a une femme à la tête de ces entreprises, étant donné que Kirsten investit près de la moitié de son capital dans des entreprises dirigées par des femmes, même si elle minimise : « Nous n'investissons jamais dans un homme, nous n'investissons jamais dans une femme, nous investissons simplement dans le ou la bon ou bonne entrepreneur-entrepreneuse. » Des personnes comme elle : capables de réussir grâce à leurs idées, en empruntant des chemins incertains et non conventionnels. Kirsten n'a jamais fréquenté d'école de commerce et n'a jamais travaillé dans une entreprise de capital-risque avant de fonder la sienne. En revanche, elle a passé plus de dix ans en tant qu'analyste dans le secteur de la vente au détail, ce qui lui a permis de profiter d'un point d'observation privilégié pour étudier de près le paysage du commerce de détail et son évolution. Originaire de Moraga, en Californie, Kirsten a exercé comme comptable et analyste avant de faire le grand saut pour créer sa propre entreprise. En 2010, elle a fondé Forerunner Ventures, choisissant de s'aventurer dans un secteur carrément sexiste, où les femmes représentaient encore une minorité. « Il n'y a vraiment rien qui puisse valablement excuser une telle disparité », affirme Kirsten.

C'est pourquoi elle travaille en coulisse pour tenter d'accorder aux femmes d'affaires des chances égales de réussite dans le monde de l'investissement et de la technologie. Avec l'aide d'autres dirigeantes, elle a créé All Raise, un projet de tutorat qui soutient l'entrepreneuriat féminin. L'objectif est de doubler le pourcentage de femmes entrepreneuses au cours des dix prochaines années et d'augmenter le financement de leurs projets. « Nous sommes avec des entreprises qui essaient de remodeler la société, donc il est presque plus important que partout ailleurs d'offrir une bonne image de la diversité. J'ai eu la chance que notre groupe soit collectivement plus motivé par le changement que par les jérémiades, et nous nous sommes donc réunies en nous disant : "Qu'est-ce qu'on peut faire à ce sujet ?" » Grâce à sa visibilité, Kirsten peut prendre publiquement position contre le sexisme, s'engageant à permettre aux femmes de réaliser ce qu'elle a réussi à faire. « Les gens ont besoin de modèles, et de sentir qu'il y a cette possibilité d'apprendre. Ils ont besoin d'avoir des gens qui les défendent. Je veux être de la partie. »

NOUS NE SOMMES PAS ASSEZ NOMBREUSES ET NOUS DEVONS CHANGER LES CHOSES.

MARISA HAMAMOTO

Avec ses spectacles, elle fait voler en éclats tous les stéréotypes à propos de la danse. À tel point qu'elle a créé une compagnie de danse ouverte aux danseurs avec ou sans handicap, afin de promouvoir l'inclusivité. Car la danse est un droit qui ne connaît aucunes limites.

Marisa est une survivante. Victime d'une agression sexuelle, de discriminations et du racisme, elle a aussi subi une attaque cérébrale qui l'a laissée paralysée à partir du cou, mettant ainsi en suspens son rêve de devenir danseuse. Les médecins l'ont prévenue qu'elle ne marcherait probablement plus jamais, mais elle ne s'est pas laissée abattre : deux mois plus tard, elle était déjà de nouveau sur pied. Cependant, ses cicatrices sont beaucoup plus profondes : Marina a souffert d'un syndrome de stress post-traumatique découlant de ses complexes physiques et à une forme de racisme lié à ses origines (son père vient de Honolulu et sa mère est japonaise), qui est apparu au cours des années qu'elle a passées aux États-Unis puis au Japon, où elle ne s'est jamais sentie à sa place.

AU LIEU DE SE DIRE « ÇA COINCE », ON SE DIT « COMMENT ON FAIT ? »

« J'étais toujours paralysée de l'intérieur », a-t-elle déclaré en expliquant sa décision de quitter le monde de la danse pendant près de quatre ans. Pendant cette période très difficile, elle a découvert qu'elle n'était pas seule. « Une personne sur cinq est en situation de handicap, ce qui correspond à un milliard de personnes, et pourtant le monde ne nous est ni accessible ni inclusif. Quand on se retrouve mis à l'écart, on cesse de se sentir humain. » Tout a changé lorsqu'elle a rencontré Adelfo Cerame Jr, un athlète paraplégique. « J'ai réalisé que danser avec Adelfo n'était en rien différent de danser tout court. La danse est un langage universel. La danse ne fait pas de discriminations. » Dès qu'elle a compris qu'il existait très peu d'écoles de danse offrant des opportunités aux personnes à mobilité réduite, Marisa a décidé d'y remédier. En 2015, elle a fondé Infinite Flow, une compagnie à but non lucratif dont le siège est à Los Angeles, et qui accueille des danseurs avec et sans handicap. L'objectif est clair : briser les stéréotypes et promouvoir l'inclusion en accueillant des personnes avec toutes sortes de handicaps, y compris des déficiences auditives, visuelles et intellectuelles. Depuis lors, ses spectacles en ligne ont été vus par 75 millions de personnes et ses danseurs ont participé à plus d'une centaine d'événements, se produisant devant un public composé d'étudiants, de cadres d'entreprises telles qu'Apple, Facebook et Porsche, et même d'employés du Fonds monétaire international. Néanmoins, c'est en se produisant devant des enfants dans des écoles qu'elle a ressenti ses plus fortes émotions. « Ce à quoi nous sommes confrontés en tant qu'enfants nous accompagne toute votre vie. Donc, lorsque vous êtes exposé à l'inclusion dès le plus jeune âge, vous gardez cela en vous. J'ai vu l'impact que nous avons sur les enfants, et cela nous a encouragés à développer notre programme pour les jeunes. » Grâce à la visibilité qu'elle acquiert par son travail, Marisa espère inspirer celles qui ont subi les mêmes traumatismes, « des femmes qui ont la même apparence que moi, qui sont capables de comprendre qu'il est possible d'aligner ses passions sur son objectif et d'en faire un métier. »

SHAMSIA HASSANI

Les aérosols de peinture et les pinceaux sont les armes de cette artiste de rue qui peint la force douce des femmes sur les murs de Kaboul. Les yeux fermés, dépourvues de lèvres, ses héroïnes indigo demandent à avoir voix au chapitre pour pouvoir continuer à poursuivre leurs rêves.

Le visage enveloppé dans son tchador traditionnel, un masque sur la bouche et une bombe de peinture à la main, Shamsia a déclenché une révolution dans les rues de Kaboul. La première artiste de rue d'Afghanistan a choisi de donner une voix aux femmes, en les faisant sortir des murs de leurs maisons. « Je tiens à ce que mon art vive avec les gens et fasse partie de leur vie quotidienne », a-t-elle déclaré au *Guardian*. Avec ses œuvres, elle s'engage à construire une conscience féminine au sein d'une société patriarcale. La galerie en plein air peinte par Shamsia représente sa façon de lutter contre l'isolement des femmes afghanes. « Je tiens à montrer mon art à ceux qui n'ont pas accès aux galeries et aux expositions. Comme les femmes subissent plus de restrictions que les hommes dans notre société, j'ai choisi que mon personnage soit une femme. »

L'ART CHANGE L'ÉTAT D'ESPRIT DES GENS, ET LES GENS CHANGENT LE MONDE.

Née en Iran, Shamsia a décidé, en 2005, de retourner à Kandahar, la terre natale de ses parents, pour y étudier la peinture et les arts visuels à l'université de Kaboul, où elle est devenue l'une des plus jeunes enseignantes. En 2010, elle s'est emparée de ses bombes aérosols aux mille nuances de bleu et a commencé à poser ses graffitis sur les murs des villes afghanes, qui étaient restées silencieux jusqu'alors. Elle a fait de ces murs la maison de ses filles indigo, fières et douces à la fois. Pensives, les yeux baissés et sans lèvres, elles sont des âmes aimables entourées de décombres et de terreur, l'expression d'un monde sans voix. Shamsia les peint fortuitement en quelques minutes, de peur d'être découverte et châtiée. En effet, faire des graffitis dans les rues a toujours été une activité dangereuse pour une femme, même avant le retour des talibans, non seulement en raison d'éventuelles attaques terroristes, mais aussi parce que la plupart des gens n'apprécient pas ce genre d'art et considèrent que ce n'est pas une activité décente, surtout pour les filles. « Seulement si la situation le permet, peut-être une fois tous les six mois, je peins un espace très public. En général, je peins sur des murs détruits et qui n'appartiennent à personne. »

Fière de son travail, Shamsia apparaît sur toutes les photos d'elle avec une bombe aérosol à la main, décidée à couvrir les murs de couleurs, tandis que certains la regardent avec curiosité et d'autres, nombreux, avec suspicion. « Je veux montrer que les femmes sont revenues dans la société afghane sous une nouvelle forme, plus puissante. Ce n'est pas la femme qui reste au foyer. C'est une nouvelle femme. Une femme pleine d'énergie, qui aspire à un nouveau départ. Je tiens à dire que les gens les regardent différemment désormais », a-t-elle déclaré dans une interview au magazine *ArtRadar*, publiée en 2014. Depuis que l'Afghanistan a replongé dans l'obscurité de l'enfer taliban, elle a dû suspendre son combat, mais les gens s'extasient devant ses œuvres sur les médias sociaux. De nombreux utilisateurs du monde entier partagent son travail sur Instagram, Twitter et Facebook. Pendant ce temps, Shamsia s'est réfugiée ailleurs, trouvant toujours des espaces d'exposition un peu partout, de Los Angeles à New York, en passant par l'Allemagne, la Norvège et l'Italie. Enveloppées dans un long tchador bleu foncé, ses filles continuent d'exister entourées de fleurs, de papillons, de coquillages, ou étreignant des instruments de musique car, comme le résume Shamsia, « la musique, comme l'art, nous rend libres. » Entourées des notes de danse qu'elles produisent en jouant leur musique, ses filles ont la force de briser le mur de la violence avec le pouvoir de la légèreté et la ténacité de leur sourire.

JE VEUX FAIRE DE L'AFGHANISTAN UN PAYS CÉLÈBRE POUR SON ART, PAS POUR SA GUERRE

ARIANNA HUFFINGTON

Elle a toujours couru après la réussite, et les échecs ne lui ont jamais fait peur. La fondatrice historique du Huffington Post *a réussi à accomplir tout ce dont elle rêvait depuis son enfance : le blog le plus populaire du monde, deux filles et un carnet d'adresses garni des milliers de contacts.*

Elle incarne un de ces parcours qui émerveillent tous ceux qui s'intéressent à la communication et au journalisme. Comment peut-on passer du statut d'adolescente solitaire d'Athènes à celui de femme parmi les plus influentes du journalisme américain ? Avec, à l'instar d'Arianna, détermination, courage, mais surtout sans jamais se laisser abattre par certains échecs. Née en Grèce, Arianna Stassinopoulos est issue d'une famille traditionnelle qui espérait simplement qu'elle se trouve un bon parti. Or, la belle nourrissait de tout autres ambitions. Faisant des pieds et des mains pour décrocher une bourse d'études, elle a réussi à s'envoler pour Cambridge, l'une des plus prestigieuses universités au monde. Une première victoire sur sa famille, et sur plusieurs milliers d'autres candidats.

PRENEZ DES RISQUES. L'ÉCHEC EST UN TREMPLIN VERS LE SUCCÈS.

Cependant, ce n'était pas encore suffisant pour Arianna. Passionnée de journalisme et de politique, elle s'installe aux États-Unis et commence à fréquenter les meilleurs salons de Manhattan. Elle devient vite tellement incontournable dans les milieux mondains de l'Upper East Side qu'elle intrigue le *New York Magazine*, qui lui consacre un portrait poignant en 1983. Six ans après son arrivée à New York, elle épouse Michael Huffington, héritier d'une famille texane de pétroliers qui est élu au Congrès grâce à son soutien. Ils divorcent, mais elle gardera son nom de famille puis suivra ses traces en se lançant en politique. En 2003, elle se présente au poste de gouverneur de Californie, mais essuie une défaite cuisante puisqu'elle comptabilise moins de 1 % des voix. « Après un échec, il faut chercher de nouvelles opportunités. C'est ce que j'ai appris dans la foulée de cette expérience », a-t-elle déclaré.
D'où l'idée de créer le *Huffington Post*, un site d'information qui a révolutionné les méthodes du journalisme en ligne. En effet, les articles étaient rédigés non seulement par des professionnels de l'information, mais aussi par un vivier non exhaustif de personnalités, connues ou non, via leurs blogs. « La plupart des grands débats politique et sociétaux se déplaçaient vers le Web, mais tant de personnes aux idées bien ancrées se voyaient tenues à l'écart du monde d'Internet », explique-t-elle.

Sa plateforme a permis à ces voix de participer à des débats en ligne. Les premiers blogueurs qu'elle a invités à écrire étaient le célèbre Arthur Schlesinger, le scénariste de télévision Larry David, et l'acteur John Cusack. En 2006, Arianna figure parmi la liste du *Time* des cent personnes les plus influentes au monde, puis de nouveau en 2011. Son site web a réussi à décrocher le prestigieux prix Pulitzer avant d'être vendu à AOL pour 315 millions de dollars. À 66 ans, elle a surpris tout le monde en décidant de passer à autre chose et de relever un nouveau défi avec Thrive Global, une plateforme numérique créée pour rétablir l'importance du bien-être sur l'argent et la vie professionnelle. « J'ai toujours rêvé d'apporter du mieux à notre façon de vivre et de travailler. Une dépression nerveuse ne doit pas être le prix à payer pour la réussite. Voilà ce que je souhaite réaliser avec cette nouvelle entreprise. » Un énième défi pour cette femme qui, avant de connaître le succès, a essuyé plus d'un échec, tant dans sa vie personnelle que professionnelle. Pourtant, pour elle, un échec n'est rien d'autre qu'un accroc. « L'échec n'est pas le contraire du succès, il fait partie du succès. Dans la vie, l'échec est inévitable. D'ailleurs, les plus grands leaders apprennent de leurs échecs, et s'en servent comme des outils pour réussir. »

FATOUMATA KÉBÉ

Petite fille, elle avait l'habitude de se lever la nuit pour observer les étoiles. Plus tard, elle en a fait son métier. Aujourd'hui, elle compte parmi les plus brillants astrophysiciens d'Europe. Sa mission ? Nettoyer l'espace, tout en convainquant la gent féminine de conquérir le ciel.

Elle a toujours voulu décrocher la lune, depuis le jour où elle a commencé à feuilleter l'encyclopédie d'astronomie de son père, à l'âge de 8 ans. C'est ainsi qu'elle est devenue une brillante astrophysicienne qui ne cesse de grimper les échelons dans le classement des scientifiques les plus influents au monde. Française d'origine malienne, Fatoumata a réalisé son rêve en suivant des études de mécanique des fluides à l'université Pierre et Marie Curie, puis un cursus à l'Agence spatiale européenne et enfin au Centre national de le recheche scientifique français à Tokyo. « Il arrive encore que les gens soient surpris quand je me présente comme astronome. »

C'EST L'UN DE MES PRINCIPAUX COMBATS : PRÉSERVER L'ENVIRONNEMENT SUR TERRE, AUTOUR DE LA TERRE, ET SUR LES AUTRES CORPS CÉLESTES.

« C'est comme si la grande majorité des gens avaient en tête une sorte de stéréotype à propos de certains emplois, et que lorsque vous ne rentrez pas dans les cases de ce stéréotype, vous n'êtes pas à votre place. Mais je n'ai pas fait tout ce parcours pour m'adapter au point de vue des autres. Je l'ai fait pour me réaliser. »

Aujourd'hui comme hier, son regard pointe toujours vers le ciel, mais au lieu de contempler les étoiles, elle observe avec inquiétude le champ de débris qui tourne autour de la Terre : une décharge invisible à l'œil nu et qui flotte à proximité immédiate de l'atmosphère. Elle explique : « L'espace est truffé de vieux déchets de fusées, de satellites désaffectés, de débris d'engins spatiaux : tous entourent notre planète et risquent de générer de nouvelles collisions et encore plus de nouveaux déchets. » Elle a fait de la lutte contre la pollution spatiale l'une de ses principales missions. « Comme si la Terre ne nous suffisait pas à nous encombrer de cette boulimie de possession, de consommation et de gaspillage. Je pense qu'avec toutes les connaissances qu'elle a accumulées, l'humanité devrait désormais mettre en œuvre chaque nouveau projet en tenant compte de ses impacts sur l'environnement, les vies humaines et les animaux », a-t-elle déclaré dans une interview. Son combat pour le nettoyage de l'espace va de pair avec son engagement à enseigner certains idéaux aux jeunes générations.

C'est pour eux qu'elle a créé l'association Éphémérides, qui encourage les jeunes hommes et femmes issus de milieux défavorisés à étudier l'astronomie. Fatoumata elle-même enseigne à Bobigny et à Villetaneuse, deux banlieues de Paris qui ressemblent à celle où elle est née. Dans ces régions, même les étoiles ne sont pas bien visibles. « Aujourd'hui, la plupart des gens dans le monde ne parviennent pas à voir le ciel étoilé à cause de la pollution lumineuse. » Afin de faire partager et diffuser sa passion, Fatoumata a publié *Lettres à la lune*, un manuel informatif qui va droit au cœur d'une cosmogonie faite d'étoiles et de planètes, mais aussi de livres, de films, de chansons, de légendes et d'histoires d'amour. La compétence découle toujours de la passion, et si Fatoumata n'était pas tombée amoureuse des étoiles, elle n'aurait jamais atteint de tels objectifs. Aujourd'hui, elle vise un nouveau but, encore plus ambitieux : elle aimerait que le prochain pied qui foulera le sol de la lune soit celui d'une femme, peut-être le sien. Un rêve partagé par toutes ces jeunes filles qui choisissent de suivre leur étoile et qui, lorsqu'elles contemplent le ciel nocturne, savent exactement où regarder.

NOS CORPS SONT FAITS DE POUSSIÈRE D'ÉTOILES. EN TANT QUE TELS, REGARDER LE CIEL N'EST EN FIN DE COMPTE QU'UNE AUTRE FAÇON DE REGARDER À L'INTÉRIEUR DE NOUS-MÊMES.

MARIE KONDO

Viser la sérénité intérieure en éliminant le superflu pour offrir une nouvelle vie aux objets que l'on n'aime plus : telle est la philosophie de cette Mary Poppins japonaise, qui nous apprend à mettre de l'ordre dans nos placards et dans nos vies.

Derrière sa douceur et son sourire, elle dissimule la ténacité d'un samouraï. Son ennemi ? Le désordre. Son nom ? Marie Kondo. Cette autrice japonaise a fait de l'harmonie domestique un style de vie. Sa méthode, connue sous le nom de « KonMari », repose sur un concept simple : trier les objets qui nous entourent en fonction du degré de joie qu'ils nous procurent. Il ne s'agit pas seulement de vider les placards, mais aussi de transformer notre maison en un lieu susceptible de susciter des émotions positives. Son credo ? Une guerre larvée contre le chaos, basée sur une économie circulaire. Vous ne conservez que ce qui vous rend heureux, comme des photos de famille, une collection d'objets d'art, des théières du monde entier, des livres ou des souvenirs d'enfance.

LE RANGEMENT, C'EST BIEN PLUS QUE TRIER ET RANGER DES OBJETS. L'OBJECTIF EST D'INITIER UN DIALOGUE AVEC SOI-MÊME.

À l'inverse, tous ces objets qui ne déclenchent en vous aucune émotion peuvent être donnés. En fait, il ne s'agit pas de jeter vos affaires, mais de donner une nouvelle vie aux objets, en gardant à l'esprit la nécessité essentielle de réduire notre consommation. « La vie commence vraiment une fois que l'on a mis de l'ordre dans sa maison. Mettre de l'ordre, c'est choisir uniquement ce qui nous rend heureux, des vêtements et des objets qui ont une âme. Et savoir qu'améliorer notre maison, c'est améliorer notre vie », explique Marie. Suivre sa philosophie implique de se laisser aller et d'écouter ses émotions, ce qui est indispensable afin de comprendre ce qui suscite en nous la joie. C'est aussi entraîner notre capacité à prendre des décisions, ce qui est essentiel lorsqu'il s'agit de choisir de garder ou de jeter quelque chose. C'est en réalité un exercice pour notre cœur et notre cerveau, un acte d'équilibrage. Il s'agit précisément de *La Magie du rangement*, qui est également le titre du best-seller de Marie Kondo qui s'est vendu à des millions d'exemplaires. Après le succès planétaire de ce premier manuel, Marie s'est installée en Californie et a publié *Ranger : l'étincelle du bonheur* pour faire du désencombrement une thérapie.

C'est-à-dire que se débarrasser de ce qui ne nous plaît plus permet de se libérer des pesanteurs émotionnelles de la vie. Ainsi, celui qui met en pratique ses conseils s'offre une raison de se sentir mieux et de créer un chemin pour opérer une transformation existentielle. Le problème, c'est qu'il s'agit d'un équilibre précaire que la vie remet sans cesse en question, comme cela s'est produit pour Marie elle-même lorsqu'elle a agrandi sa famille. « Je viens d'avoir mon troisième enfant, un garçon, alors tout est nouveau pour moi en ce moment », explique celle qui était déjà mère de deux fillettes. Plus que désencombrer, elle leur apprend à traiter les objets avec respect, transmettant ainsi un message plus subtil à propos de la gratitude envers les personnes et les choses importantes de la vie. Après avoir fait ses débuts sur Netflix avec une série télévisée, elle est passée des foyers aux bureaux dans le but d'apporter l'harmonie entre les entrepôts et les bureaux, ainsi que dans les relations interpersonnelles entre collègues. Promotrice d'un style de vie fondé sur l'essentiel, Marie suggère de s'exercer avec des objets physiques afin de pouvoir suivre la même méthode avec des pensées ou souvenirs malsains. La seule règle est de ne jamais regarder en arrière.

LADY GAGA

Elle est musicienne, actrice, icône de mode et militante. Son expressivité artistique ne connaît ni règles ni limites. Enveloppée dans des robes en plumes, en latex voire en viande crue, elle exhibe ouvertement ses vulnérabilités. Depuis les humiliations et les brimades jusqu'aux Oscars, Miss Germanotta nous apprend à ne jamais baisser les bras.

Chacune de ses apparitions monopolise l'attention du public et des médias, non seulement à cause de ses looks excentriques, qui laissent toujours tout le monde sans voix, mais aussi pour ses paroles susceptibles de transmettre un message positif d'acceptation et d'inclusion. Lady Gaga nous séduit par son aura de diva, mais elle s'émeut dès qu'elle parle droits humains. Pour elle, née à New York d'un père d'origine italienne, il n'a guère été aisé d'atteindre le succès. « Je ne croyais pas en moi, mais quand j'ai eu 19 ans, j'ai décidé que je voulais devenir musicienne. J'ai arpenté tout New York, frappé à toutes les portes pour trouver un job, et je chantais partout où c'était possible, » a-t-elle confié à Associated Press.

MA CARRIÈRE TOUT ENTIÈRE EST UN PIED DE NEZ À CETTE EXCLUSION SOCIALE DONT J'AI SOUFFERT.

Derrière ses tenues excentriques et provocantes, elle dissimule un caractère authentique et profond, marqué par la tristesse, l'angoisse et la dépression. La star qui a cumulé un Oscar, un Grammy, un BAFTA et un Golden Globe la même année aurait pu simplement figurer parmi les plus grandes célébrités de tous les temps, sans jamais dévoiler ses failles à son public. Au lieu de cela, elle a décidé de les partager, exhibant sa véritable personnalité et les cicatrices cachées derrière sa popularité et les privilèges qu'elle est parvenue à s'octroyer. Sur la scène du Four Seasons de Beverly Hills, lors d'un événement consacré aux femmes de Hollywood organisé par le magazine *Elle*, elle a prononcé un discours poignant, vêtue d'un costume d'homme Marc Jacobs, et n'a pu retenir ses larmes. « Après avoir été agressée à l'âge de 19 ans, j'ai changé à jamais. Une partie de moi s'est repliée sur elle-même pendant de nombreuses années. Je n'en ai parlé à personne. J'en éprouve de la honte encore aujourd'hui en me tenant devant vous », a-t-elle confessé. « Je me suis demandé : qu'est-ce que cela signifie vraiment d'être une femme à Hollywood ? Nous ne sommes pas simplement des images qui font sourire ou grimacer les gens.

Nous ne sommes pas les membres d'un concours de beauté géant destiné à nous opposer les unes aux autres pour le plaisir du public. Nous, les femmes de Hollywood, nous sommes des voix. En tant que femme conditionnée dès un très jeune âge à obtempérer à ce que les hommes me disaient de faire, j'ai décidé aujourd'hui que je voulais reprendre le pouvoir. Aujourd'hui, je porte un pantalon. » Avec la même sincérité, elle a parlé de la façon dont ses camarades de classe la harcelaient. « Certaines brutes avaient pour habitude de me prendre et me jeter dans les poubelles. Ils disaient que c'était ma place, parce que j'étais un déchet », a-t-elle confié au *Guardian* tout en se remémorant cette époque et où elle a perdu sa joie de vivre. Une souffrance qu'elle a réussi à surmonter grâce à une thérapie et à la création de la Born This Way Foundation, grâce à laquelle elle aide les victimes de harcèlement, de discriminations et d'abus sexuels. Elle s'est toujours servie de sa voix, non seulement pour faire danser ses millions de fans dans le monde entier, mais aussi pour soutenir les causes qui lui tiennent à cœur, comme les droits de la communauté LGBTQ+. « Vous devez être protégés à tout prix, au même titre que tous les êtres humains sur Terre, et je continuerai à écrire de la musique pour vous et à me battre pour vous. » Comment ne pas être sous le charme ?

**MÊME QUAND JE TOUCHE LE FOND,
IL Y A TOUJOURS UNE PARTIE DE MOI
QUI A ENVIE DE DANSER
ET DE SE RÉJOUIR.**

CHRISTINE LAGARDE

Elle est l'une des très rares femmes présentes dans les hautes sphères de la gouvernance mondiale. Dame de fer à la chevelure argentée, la présidente de la Banque centrale européenne offre au monde sa propre leçon d'émancipation féminine.

Avec son visage posé, sa poignée de main franche et sa touche féminine, Christine Lagarde est en train de redéfinir le poste le plus puissant de la finance mondiale. La présidente de la Banque centrale européenne exerce un « travail d'homme », comme elle l'a elle-même démontré en postant sur Twitter une photo montrant le conseil exécutif où elle a été installée en 2019. Il s'agissait d'une table ronde autour de laquelle étaient installés 23 hommes et une femme : elle-même. Elle a envoyé un message fort, affirmant au monde que l'égalité reste un objectif à atteindre. Jamais encline aux jeux de pouvoir, elle a accédé aux plus hautes fonctions sans avoir à frayer dans les étroits couloirs de la politique.

JE POSSÈDE CES TALENTS DE FEMMES : JE SUIS PATIENTE ET INCLUSIVE.

Elle s'est simplement imposée, comme elle l'a fait au début de sa carrière, lorsqu'elle travaillait au sein du cabinet d'avocats américain Baker McKenzie, où elle a gravi les échelons jusqu'à atteindre le sommet. Fille modèle d'une professeure de latin et d'un professeur d'anglais, Christine a parcouru un sacré bout de chemin depuis qu'elle s'occupait de ses petits frères au Havre, en Normandie. Depuis, elle a toujours voulu être au top, en commençant par devenir championne de natation synchronisée. Cette discipline lui a appris la première règle à suivre : serrer les dents et sourire. C'est aussi ce qu'elle a fait lorsqu'elle a échoué au concours d'entrée de l'ENA, l'École nationale d'administration française, haut lieu de la classe dirigeante. Elle échoue à deux reprises : la première fois parce que, comme elle le dit, elle s'est laissée distraire par l'amour. Elle ne se décourage pas et enchaîne les records. Première femme à être nommée ministre de l'Économie et des Finances en France, et première femme directrice générale du Fonds monétaire international. Est-ce de la détermination ? Certainement, mais pas exclusivement. Sa leçon d'émancipation vient du cœur car, selon Christine, pour atteindre le sommet, il faut surtout de l'estime de soi, qui naît de l'affection de ses proches.

« Je ne me réveille pas le matin en me disant : “Je suis un modèle”, mais je suis frappée chaque fois que des femmes de tous âges et toutes nationalités m’arrêtent pour me dire : “Vous incarnez quelque chose qu’un jour je pourrais devenir, ou qu’un jour mes enfants pourraient réaliser.” » Elle a appris à ses deux fils à être autonomes et à ne pas dépendre d’une femme qui s’occupe d’eux. « Les mères devraient apprendre à leurs enfants à aimer et à respecter les femmes. Après tout, les hommes sont les fils de leurs mères. » Elle se bat actuellement pour que le monde reconnaisse l’autorité féminine, et elle se souvient encore de l’époque où des clients du cabinet d’avocats dont elle était présidente lui réclamaient un café parce qu’ils la prenaient pour la secrétaire du patron. Après la Grande Récession de 2008, elle a déclaré qu’une telle chose ne se serait jamais produite si la banque Lehman Brothers s’était appelée « Lehman Sisters ». Elle est convaincue qu’« offrir plus d’espace aux femmes dans les organisations conduit à une amélioration des mécanismes de gouvernance et à une meilleure capacité de prise de décision. » Après tout, elle est sûrement une personne très directe et, lorsqu’on lui a demandé si, au cours de sa carrière, certains hommes moins qualifiés lui étaient passés devant, elle a répondu en souriant : « Bien sûr, mais ils n’ont pas fait long feu. »

JE PENSE QUE LES FEMMES SONT RÉSILIENTES, COMME LE MONTRENT DE NOMBREUSES ÉTUDES. ET LA RÉSILIENCE FACE AU CHANGEMENT EST UNE CHOSE DONT NOUS AVONS GRANDEMENT BESOIN.

ANNIE LEIBOVITZ

Toute sa vie, elle a couru après les images. Les célébrités du monde du spectacle, du sport et de la politique sont toutes passées devant son objectif. Pourtant, elle ne se considère pas comme une photographe, mais comme « une artiste conceptuelle recourant à la photographie. »

Qui peut persuader la reine d'Angleterre d'ôter sa couronne pour un portrait officiel ? Et qui est capable de réunir une centaine de stars de Hollywood pour une photo de groupe ? La réponse : Annie Leibovitz, la photographe la plus connue, la plus demandée et la mieux payée au monde.
On lui doit des clichés entrés dans l'Histoire, comme celui de Yoko Ono et d'un John Lennon dénudé l'enlaçant quelques heures seulement avant son assassinat ; la photo de Patti Smith figurant sur la couverture de l'album *Gone Again* ; de Whoopi Goldberg allongée dans une baignoire remplie de lait ; du casting de *Star Wars* ; des rondeurs d'une Demi Moore enceinte jusqu'aux dents, et aussi de la silhouette de Keith Haring en noir et blanc.

JE N'AI JAMAIS AIMÉ LE MOT « CÉLÉBRITÉ ». J'AIME PHOTOGRAPHIER LES GENS QUI SONT DOUÉS DANS LEUR DOMAINE.

Elle est également la photographe des ruines fumantes de Ground Zero et de deux éditions de l'emblématique Calendrier Pirelli. Fringante et accro au travail, elle a la réputation d'être tenace. Après tout, rigueur et autorité lui sont nécessaires pour arriver à ses fins. « Je ne suis pas douée pour mettre à l'aise les sujets dont je fais le portrait. Je m'intéresse à leur histoire, je suis journaliste. C'est pourquoi mes légendes sont tout aussi importantes que les prises de vue. » Grande, toujours vêtue de noir, elle ne se maquille jamais et se déplace entourée d'une armée d'assistants qui l'aident à composer des décors impressionnants conçus comme des productions cinématographiques. Elle recourt à l'artifice pour toucher au naturel et suivre les intuitions bizarres qui font sortir du lot la plupart des photos qui l'ont rendue célèbre. Troisième d'une fratrie de six enfants, elle a grandi en suivant son père, officier de l'armée de l'air, d'une base militaire à l'autre. « Ma première prise de vue a été la fenêtre de la voiture », dit-elle en se remémorant les longs voyages qu'elle faisait, enfant, sur la banquette arrière du break familial, de l'Alaska au Texas, entourée par le paysage américain.

En 1970, après avoir passé un an dans un kibboutz en Israël, elle a commencé à travailler pour *Rolling Stone*, signant sa première couverture peu après. Au terme de cette collaboration légendaire, elle en avait accumulé 142. Sa relation de travail avec Susan Sontag, qui allait devenir sa partenaire, était tout aussi intense. Ensemble, elles ont édité *Women*, un volume consacré à la figure féminine sous toutes ses facettes, avec les photos d'Annie et les écrits de Susan, un travail qui s'est poursuivi même après la disparition de Susan, dans le but d'affirmer le pouvoir féminin et le rôle des femmes dans la société contemporaine. La nudité n'apparaît que sur quelques plans, et jamais pour afficher une quelconque sensualité, mais plutôt pour souligner le caractère merveilleusement unique de chaque femme et s'éloigner des stéréotypes et des canons de beauté auxquels la société a relégué les femmes pendant bien trop longtemps. « Je ne sais même pas comment définir la notion de beauté, et ce n'est peut-être même pas pour des raisons esthétiques. Je suppose que ce qui me plaît, c'est raconter avec mes photos qui sont ces femmes et ce qu'elles font. »

LES GENS ACHÈTENT DES IDÉES
ILS N'ACHÈTENT PAS
DES PHOTOGRAPHIES.

SANNA MARIN

Dans un monde où une femme à la tête d'une nation attise encore la curiosité des journaux, elle est la preuve vivante qu'il ne faut jamais se laisser décourager par les stéréotypes et les opinions sexistes. Détermination personnelle, inclusivité et soif de changement ont guidé son ascension irrésistible.

« Je n'ai jamais réfléchi à mon âge ou à mon sexe. Je pense aux raisons pour lesquelles je suis entrée en politique, et aux choses qui nous ont fait gagner la confiance de l'électorat », a-t-elle déclaré dès qu'elle a été élue Première ministre de Finlande, à l'âge de 34 ans seulement. Une mise au point nécessaire, si l'on considère que Sanna incarne deux des caractéristiques traditionnellement les plus dépréciées et dévalorisées par les plus éminentes personnalités du monde politique : être une femme et être jeune. Avec sa coalition exclusivement féminine, elle a démontré qu'elle était capable de relever le défi. En défenseure de l'environnement, elle a définitivement fait entendre sa voix au Forum économique mondial de Davos, grâce à ses discours percutants sur les questions internationales les plus importantes.

LE FAIT D'ÊTRE UNE FEMME A TOUJOURS ÉTÉ LE POINT DE DÉPART. J'ESPÈRE QU'UN JOUR CE NE SERA PLUS UN CRITÈRE.

« La Finlande s'est engagée à devenir neutre sur le plan climatique d'ici 2035 – nous constatons que le changement climatique constitue le plus grand risque auquel l'humanité est confrontée. Pourtant la lutte contre le changement climatique offre une grande opportunité pour notre technologie, nos entreprises, la création de nouveaux emplois, notre bien-être. » Son point de vue permet de voir les choses sous un angle nouveau. Sans demi-mesure, elle a clairement exprimé son opinion sur les questions de genre. « Chacun devrait avoir le droit de déterminer sa propre identité », a-t-elle déclaré à la BBC. « Ce n'est pas mon boulot d'identifier les gens. C'est le boulot de chacun de s'identifier soi-même. Ce n'est pas à moi de parler à la place des autres. » Ce ne sont pas des paroles en l'air, car Sanna sait très bien de quoi elle parle. Elle a grandi dans une famille LGBTQ+ avec deux mamans, dont l'une est sa mère biologique. Enfant, elle se sentait invisible car elle n'était pas en mesure de parler ouvertement de sa situation. Issue de la classe ouvrière, elle a été la première de sa famille à terminer ses études secondaires et universitaires, qu'elle a financées elle-même en travaillant comme vendeuse dans un magasin. Elle a débuté sa carrière politique en partant du bas de l'échelle à Tampere, se faisant élire au conseil municipal, puis elle a gravi les échelons jusqu'à son entrée au Parlement.

Le 10 décembre 2019, elle est élue Première ministre de la Finlande. Qu'a-t-elle dû sacrifier pour un tel accomplissement ? Rien, apparemment. Lorsqu'elle a accédé à cette fonction, elle venait de devenir maman. Sa fille Emma était née seulement un an auparavant, mais Sanna a pu gérer son rôle de mère grâce à un système de protection sociale sur lequel les mères finlandaises peuvent compter, faisant ainsi la démonstration qu'il est possible de concilier vie familiale et vie professionnelle. Sa féminité, elle non plus, n'a jamais été remise en question. Lorsqu'elle a posé pour une photo avec un blazer et rien en dessous, beaucoup ont déclaré que ce n'était pas approprié, mais les Finlandaises ont défendu Sanna avec le *hashtag* #ImWithSanna, rappelant à tous que la façon dont une femme s'habille ne constitue en aucun cas une bonne raison pour déprécier ses compétences. Figurant dans le *Time's 100 Next*, la liste des cent personnalités émergentes qui façonnent l'avenir, elle incarne parfaitement un message positif, non seulement pour ses compatriotes, mais aussi pour le monde entier. C'est une dirigeante capable de démontrer par les faits ce que « l'égalité des chances » signifie vraiment...

RIGOBERTA MENCHÚ

Le respect de l'environnement, la protection de la culture maya et la lutte contre toute forme d'abus social et civique sont les piliers de la leçon de paix que nous offre Rigoberta Menchú, lauréate du prix Nobel de la Paix. Cette femme se bat avec ses mots, armée seulement de ses robes traditionnelles aux couleurs vives et de son sourire désarmant.

Rigoberta n'avait que 33 ans lorsqu'on lui a décerné le prix Nobel de la Paix en 1992, « en reconnaissance de son travail pour la justice sociale et la réconciliation ethnoculturelle fondées sur le respect des droits des peuples indigènes. » Grâce à son intelligence et sa force de caractère, elle a su se rebeller contre le désir de vengeance en répondant aux abus par le pardon. Témoignage vivant de la façon dont un destin atroce peut se transformer en une vie exemplaire, cette femme courageuse reste toujours fidèle à la façon de penser qui guide chacune de ses actions : « La paix ne peut exister sans justice, la justice ne peut exister sans équité, l'équité ne peut exister sans progrès, le progrès ne peut exister sans démocratie, la démocratie ne peut exister sans le respect de l'identité et de la valeur des cultures et des peuples. »

JE CROIS RÉSOLUMENT QUE LE RESPECT DE LA DIVERSITÉ EST UN PILIER FONDAMENTAL DANS L'ÉRADICATION DU RACISME, DE LA XÉNOPHOBIE ET DE L'INTOLÉRANCE.

Élevée pendant la guerre civile qui a fait couler le sang au Guatemala, Rigoberta a travaillé dès l'enfance comme ouvrière agricole. Elle n'avait que 16 ans lorsqu'elle a dû fuir, à pied, pour trouver refuge au Chiapas. Elle a perdu la plupart des membres de sa famille dans des circonstances brutales : son père a été brûlé vif, sa mère tuée et ses deux frères assassinés. C'est une histoire terrible qui leur est arrivée, ainsi qu'à de nombreuses autres victimes de ces auteurs désormais accusés de génocide contre le peuple maya. Certains ont choisi de répondre par la guérilla, mais Rigoberta a entamé une lutte pacifique en dénonçant le régime guatémaltèque et la violation systématique des droits de l'homme à l'encontre du peuple indigène. L'évêque Samuel Ruiz a invité cette courageuse adolescente à raconter son histoire devant la Conférence épiscopale mexicaine. Analphabète, elle a cependant laissé tout le monde sans voix en démontrant son charisme naturel et une force spirituelle qui a marqué le début d'un long parcours pour elle. Ce jour-là, elle a découvert que sa force résidait dans ses mots.

Et c'est avec ces mots, dépourvue d'arme, qu'elle a commencé à combattre la dictature et a contribué à la vaincre. Son engagement la conduira à défaire une armée par le seul pouvoir de sa voix, en participant activement à la commission qui, en 1996, a laborieusement mis fin aux hostilités au Guatemala. « Toute personne qui, comme moi, a consacré sa vie à lutter contre l'impunité et l'injustice a le devoir d'être optimiste. Aujourd'hui et pour toujours. On ne peut changer le passé. Nous pouvons cependant empêcher qu'il se reproduise en construisant un avenir plus humain pour les générations futures. Tel est notre engagement en tant qu'hommes et femmes, et je suis convaincue que cela en vaut la peine. » Après le prix Nobel, elle est devenue Messagère de la paix de l'ONU et a créé la fondation Rigoberta Menchú Tum, qui promeut la défense des droits de l'homme, la paix et le développement durable. Le temps passe, mais l'ancienne ouvrière agricole de Chimel continue de se battre pour la protection de l'environnement, la dignité des Amérindiens, l'éducation et la justice. « La paix, ce n'est pas la signature d'un traité. C'est un choix quotidien. Chacun peut faire la différence. »

ANGELA MERKEL

Avec la simplicité désarmante de son langage et de ses habitudes, elle a réussi à s'imposer sur la scène allemande et mondiale, affrontant un monde d'hommes et balayant définitivement tout stéréotype de genre.

En Allemagne, son nom est même devenu un verbe : « merkeliser », qui signifie « atteindre l'objectif », mais progressivement. « Lentement mais inlassablement », lui aurait soufflé Johann Wolfgang von Goethe s'il l'avait connue. Fille d'un pasteur luthérien et d'une professeure d'anglais, Angela était censée devenir chercheuse en physique dans une université d'Allemagne de l'Est, où ses parents s'étaient installés, quittant la partie occidentale du pays. Une situation tout à fait exceptionnelle à une époque où les Allemands de l'Est étaient prêts à tout pour fuir vers l'Ouest. Scientifique convertie à la politique, Angela a misé, avec une humilité constante, sur « l'effet de surprise » tout au long de sa vie.

ON NE SOULÈVE PAS UN PROBLÈME SI ON NE DISPOSE PAS AUSSI DE LA SOLUTION POUR LE RÉSOUDRE.

Commencer par la petite porte, cela permet une plus grande liberté d'action : et cela, Angela l'avait deviné dès le début. Ainsi, elle ne se montrait jamais pour ne pas effrayer les autres, surtout les hommes qui commettaient souvent l'énorme erreur de la sous-estimer. Tout le monde est tombé dans le panneau, y compris Helmut Kohl, leader de l'Union chrétienne-démocrate et icône du combat pour une Allemagne unifiée, qui a donné le coup d'envoi de sa brillante carrière en la nommant ministre des Femmes et de la Jeunesse. Il la trouvait inoffensive et maniable, c'est pourquoi il avait l'habitude de l'appeler « Mädchen », ce qui signifie « la fillette », ou mieux, « ma fille ». Bien sûr, Kohl s'est lourdement trompé. Quand il s'en est rendu compte, il était trop tard, et Angela avait déjà pris sa place à la tête de la chancellerie. Personne ne parlait plus de « Mädchen », car désormais tout le monde devait s'adresser à elle en tant que « die Kanzlerin » (la Chancelière). Titre qu'elle conservera les seize années suivantes, jusqu'en 2021. Sur une échelle mesurant la durée du pouvoir démocratiquement accordé par un vote populaire, ses quatre mandats s'apparentent à une éternité. À tel point qu'en Allemagne, il existe une histoire bien connue d'un enfant qui demande à sa mère : « Maman, est-ce qu'un homme peut devenir chancelier ? » Cela semble un paradoxe, ou peut-être pas car il existe toute une génération d'Allemands pour qui le chef du gouvernement a toujours eu le visage d'une femme : Angela Merkel.

Dix ans après son élection, elle a surpris tout le monde en décidant d'ouvrir les portes aux milliers de migrants qui se pressaient à ses frontières, et a permis à de nombreux demandeurs d'asile d'entrer en Europe pour rejoindre l'Allemagne. Elle a ainsi prouvé une fois de plus que sous son apparence douce et obligeante, elle est faite du même acier que celui utilisé par les Krupp pour fabriquer des canons et des locomotives pour tous les empires d'Europe. Le *Time* l'a qualifiée de « chancelière du monde libre » en 2015, lorsqu'il l'a nommée personnalité de l'année avec les mots suivants : « Son leadership a permis de préserver et de promouvoir une Europe ouverte et sans frontières face à la tourmente économique et à une crise des réfugiés persistante. » Son départ de la scène ne manquera pas de diviser l'histoire de la politique allemande en deux parties, l'une avec elle, et l'autre sans. Elle s'est retirée de la politique au sommet de son succès, lors d'une cérémonie simple mais solennelle. Enveloppée dans un manteau noir et éclairée seulement par des torches tenues par des soldats de la Bundeswehr, elle a prononcé son discours. Un héritage fait d'élégance et de sagesse politique, qu'elle a conclu par un encouragement envers les jeunes : « Je voudrais vous inciter à l'avenir à regarder le monde du point de vue des autres également », comme elle-même l'a fait, bien consciente de son rôle. Une femme dans un monde d'hommes.

LA QUESTION N'EST PAS DE SAVOIR SI NOUS SOMMES CAPABLES DE CHANGER MAIS SI NOUS CHANGEONS ASSEZ VITE.

NADIA MURAD

Elle s'est relevée comme un phénix du traumatisme destructeur et violent qu'elle a subi aux mains des terroristes de DAESH.
« Je veux être la dernière fille au monde à détenir une histoire comme la mienne », répète-t-elle chaque fois qu'elle le peut. C'est pourquoi elle parcourt le monde entier pour réclamer justice au nom de toutes les femmes yézidies.

Lorsque Nadia était enfant et vivait dans le village de Kocho, dans le nord de l'Irak, son rêve était d'ouvrir un salon de beauté. Elle n'avait jamais entendu parler du prix Nobel, et ne pouvait pas non plus concevoir le Mal qu'elle allait devoir affronter. À l'âge de 21 ans, Nadia a été enlevée par DAESH, forcée de se convertir à l'islam et vendue à plusieurs reprises comme esclave sexuelle. Elle a non seulement perdu sa mère et ses six frères, mais aussi la possibilité de mener une vie normale. « Ma vie de simple fille de ferme yézidie s'est évanouie pour toujours, les rêves et les espoirs de toute ma communauté se sont évaporés. » Après des mois de captivité, elle réussit à s'échapper en profitant d'une porte laissée déverrouillée par l'un de ses ravisseurs. Elle a ensuite traversé le Kurdistan irakien pour rejoindre un camp de réfugiés, puis l'Allemagne, où elle a trouvé refuge.

MON HISTOIRE EST LA MEILLEURE ARME DONT JE DISPOSE CONTRE LE TERRORISME, ET JE COMPTE M'EN SERVIR JUSQU'À CE QUE CES TERRORISTES SOIENT JUGÉS.

À partir de là, elle a commencé à se façonner un nouvel avenir, marqué par un traumatisme qui aurait pu anéantir n'importe qui d'autre. Des milliers d'autres femmes yézidies ont partagé le même sort, mais Nadia a décidé de montrer au monde ses blessures dans un but précis : devenir une défenseure de son peuple ainsi que de toutes les victimes de la traite des êtres humains et de la violence. « Nous sommes des militants, et nous avons besoin de plus que de l'empathie », a-t-elle déclaré. Grâce à son courage, elle a été la première personne irakienne à recevoir, à l'âge de 25 ans seulement, le prix humanitaire le plus prestigieux : le prix Nobel de la Paix. Les mots qu'elle a prononcés lorsqu'elle a reçu sa récompense ressemblent plus à un souhait qu'à un discours : « J'espère que ce jour marque le début d'une nouvelle ère – où la paix deviendra la priorité, et où le monde pourra collectivement commencer à définir une nouvelle feuille de route pour protéger les femmes, les enfants et les minorités contre les persécutions, en particulier les victimes de violences sexuelles. » Aujourd'hui, elle parcourt le monde pour sensibiliser le public, une tâche lourde qui témoigne de l'âme généreuse de cette jeune fille dont le rêve d'une vie ordinaire a été anéanti par la violence qu'elle a subie.

« Le viol est utilisé depuis la nuit des temps comme arme de guerre », affirme-t-elle dans son autobiographie, *Pour que je sois la dernière*. « Je n'avais jamais imaginé que je partagerais quelque chose en commun avec les femmes du Rwanda – avant tout cela, je ne savais même pas qu'un pays appelé Rwanda existait – et maintenant je suis liée à elles de la pire façon possible. » Avec son avocate Amal Clooney à ses côtés, elle a contribué à créer l'Unitad, l'équipe d'enquête de l'ONU qui soutient les efforts visant à faire en sorte que les membres de DAESH répondent de leurs crimes. Ce qu'elle recherche, c'est la justice, pas la vengeance. Elle l'a fait comprendre aux Nations unies lorsqu'elle s'est exprimée devant le Conseil de sécurité : « Je ne réclame pas que l'on commence une nouvelle guerre, mais qu'on arrête ces gens. » Le documentaire *Le Combat de Nadia Murad* retrace l'histoire de Nadia et montre ses efforts pour raconter au monde la tragédie des Yézidis. « Décider d'être honnête a été l'un des choix les plus difficiles que j'aie jamais faits, mais aussi le plus important. » Tout le monde devrait écouter son témoignage, sans exception.

LE MONDE N'A QU'UNE SEULE FRONTIÈRE. ELLE S'APPELLE HUMANITÉ.

MICHELLE OBAMA

Épouse aimante, mère impliquée, militante dans les domaines de l'éducation et de la santé, Michelle a été une First Lady rock star. Aujourd'hui, elle poursuit sa route en se consacrant aux causes qui lui sont chères, avec le charme et le sens de l'humour qui la caractérisent.

Elle a été une First Lady dans tous les sens du terme. Première descendante d'esclaves et première femme noire de l'histoire américaine à accéder à un rang de si haut niveau, première à jouer un rôle aussi décisif dans l'approbation politique de son mari, et première à se forger un espace propre au cœur du protocole strict de la Maison-Blanche. Célébrée comme l'une des femmes les plus inspirantes et les plus influentes du monde, apparaissant sur des centaines de couvertures également pour son style, elle incarne la quintessence du rêve américain. Née à Chicago, dans les quartiers pauvres du South Side, Michelle LaVaughn Robinson a démontré que malgré les embûches, si l'on a des compétences et un fort caractère, on peut réussir. Élevée dans une famille modeste, elle n'était pas du genre à perdre son temps à jouer à la poupée.

lle
ma

JE SUIS **L'ANCIENNE PREMIÈRE DAME** DES ÉTATS-UNIS ET AUSSI UNE **DESCENDANTE D'ESCLAVES.** C'EST IMPORTANT DE GARDER CET **ÉTAT DE FAIT** À L'ESPRIT.

À l'âge de 4 ans, elle sait lire, et n'a pas perdu de temps à l'école non plus : elle décroche son bac à 17 ans, puis, à 21 ans, se retrouve diplômée avec mention en sociologie de l'illustre université de Princeton. Trois ans plus tard, elle obtient le grade de Juris Doctor à Harvard. Des résultats prestigieux qui, cependant, l'ont fait souffrir car, durant ces années, Michelle a subi le poids de sa couleur de peau. Dans sa thèse, elle écrit : « Quelles que soient les circonstances dans lesquelles j'interagis avec les Blancs à Princeton, il semble souvent que, pour eux, je serai toujours d'abord une Noire et ensuite une étudiante. » Elle a rencontré son futur mari dans le cabinet d'avocats où elle s'était déjà fait un nom, alors que lui débutait comme stagiaire. Michelle a été sa tutrice, et a fini par l'épouser. Le pragmatisme, le pouvoir de persuasion et l'efficacité ont toujours été ses points forts, y compris lorsque, à la naissance de Malia et Sasha, elle a décidé de réduire ses engagements professionnels pour se consacrer à sa famille, sa véritable priorité. Dans toutes ses interviews, elle a toujours souligné qu'elle était « maman d'abord, épouse d'un homme politique ensuite. » Belle et élégante (selon *Vanity Fair*, l'une des dix femmes les mieux habillées au monde), elle a toujours été à l'avant-garde de la lutte pour l'égalité des droits et des sexes. En profitant de la visibilité de son rôle, Michelle a réussi, en tant que First Lady, à lancer des campagnes contre la pauvreté et en faveur d'une alimentation plus saine, notamment à destination des plus jeunes, et elle a aussi fait la promotion de l'éducation pour tous. Son autobiographie, *Devenir,* s'est vendue à plus de 10 millions d'exemplaires, a été traduite dans des dizaines de langues et a inspiré un documentaire. Après avoir quitté la Maison-Blanche, toujours avec son « style pas du tout minimal », comme l'a défini sa styliste, Michelle a continué à jouer le rôle qu'elle affectionne le plus : celui de mentor pour les nouvelles générations. Selon le *New York Times,* c'est un fait : « Les réactions les plus intéressantes qu'elle suscite sont lors d'événements associatifs, lorsqu'elle s'adresse à de petits groupes de personnes, souvent de jeunes étudiants. » C'est à ces occasions qu'elle a prononcé ces discours de motivation qui ont fait d'elle un exemple pour des millions de personnes. « Nous ne pouvons pas nous permettre d'attendre que le monde soit égalitaire pour commencer à nous sentir visibles. Ça ne va pas se faire avec un président, ni un bulletin de vote. Il faut donc trouver en soi les outils qui permettent de se sentir visible et de faire porter sa voix », a-t-elle répondu à un adolescent qui lui demandait comment elle était devenue ce qu'elle est aujourd'hui. Et c'est précisément aux jeunes qu'elle a adressé son dernier discours passionné en tant que Première Dame : « Vous m'entendez ? Jeunes gens, n'ayez pas peur. Soyez concentrés. Soyez déterminés. Soyez pleins d'espoir. Soyez focalisés sur vos objectifs. Donnez-vous les moyens d'acquérir une bonne éducation, puis foncez et servez-vous de cette éducation pour construire un pays digne de ces promesses illimitées que vous incarnez. »

LA RÉUSSITE, CE N'EST PAS COMBIEN D'ARGENT VOUS GAGNEZ. MAIS PLUTÔT CE QUE VOUS APPORTEZ DANS LA VIE DES AUTRES.

NAOMI OSAKA

Sa véritable force ne réside pas dans ses poignets, mais dans sa tête. Avec ses masques noirs, elle est devenue une militante des droits de l'homme. Dans son activisme politique comme dans son tennis, Naomi incarne les valeurs d'avenir d'un sport de plus en plus inclusif et multiculturel.

« Je suis asiatique, je suis noire, et je suis une femme. Je suis aussi normale que n'importe quelle autre personne de 22 ans, sauf qu'il se trouve que je suis douée pour le tennis. Je me suis acceptée comme étant juste moi-même : Naomi Osaka. » La nouvelle étoile du tennis n'a pas peur de défier les barrières culturelles. « Les gens ont eu du mal à me situer », a-t-elle déclaré. Née d'un père haïtien et d'une mère japonaise, elle a grandi aux États-Unis, mais est déterminée à représenter le Japon sur les courts de tennis du monde entier. Avec sa crinière explosive de cheveux crépus qui dépassent de sa visière, elle va de l'avant, battant tous les records.

BLAC
ATTE

JE NE SAIS PAS VRAIMENT CE QUE C'EST CENSÉ ÊTRE DE SE SENTIR JAPONAIS, HAÏTIEN OU AMÉRICAIN. MOI, JE ME SENS JUSTE MOI-MÊME.

Alors qu'elle est âgée de 22 ans, *Forbes* la mentionne comme l'athlète la mieux payée de tous les temps, *Sports Illustrated* la désigne comme sportive de l'année et *Time* l'inclut parmi les cent personnalités les plus influentes au monde pendant deux années consécutives. Une raquette de tennis à la main, elle est implacable, et elle a défié des championnes de légende. Au début de la vingtaine, Naomi était prête à suivre les traces de son idole, Serena Williams, qu'elle a battue en 2018 grâce à son puissant service et à un coup droit qui lui ont permis de remporter quatre tournois du Grand Chelem. Cependant, ce qui la rend unique, ce ne sont pas seulement ses compétences sportives, mais plutôt son identité de femme et d'athlète caractérisée par certaines contradictions, facettes et des points de rencontre entre cultures, passions et missions. Avec son enthousiasme, mais surtout ses faiblesses, Naomi incarne l'esprit d'une nouvelle génération. Comme lorsqu'elle a déclaré que « C'est O.K. de ne pas être O.K. », expliquant sa décision de faire une pause parce que tout le monde, même les champions, connaît des passages à vide. Pour prouver qui elle est, sur le court et en dehors, elle soutient les causes qui lui tiennent le plus à cœur avec la même détermination que celle avec laquelle elle vainc ses adversaires.

« En parler, et ne jamais cesser d'en parler » est la formule magique résumant son engagement, qu'elle explique d'une voix timide chargée de propos puissants, comme Kobe Bryant le lui a inculqué : « Je veux juste devenir le genre de personne qu'il pensait que j'allais devenir. » Ainsi, en soutien à Black Lives Matter, elle apparaît lors de l'US Open 2020 en portant un masque différent pour chacun des sept matchs qu'elle joue (et gagne), chacun portant le nom d'une victime de violences policières xénophobes : Breonna Taylor, Elijah McClain, Ahmaud Arbery, Trayvon Martin, Philando Castile, Tamir Rice et George Floyd. « Ce n'est pas parce que ça ne vous arrive pas à vous que ça n'arrive pas du tout », a-t-elle expliqué.

Sa passion pour les mangas a fait d'elle un symbole pour les jeunes asiatiques, ses victoires l'ont transformée en star internationale, mais le véritable sommet de sa célébrité a été atteint lorsqu'elle a fait la une de *Vogue*, photographiée par Annie Leibovitz. Peu après, Barbie lui a dédié une poupée, la désignant comme représentante d'une révolution culturelle. Pour Naomi, les rêves n'ont pas de limite, comme elle l'a elle-même résumé dans un tweet où elle annonçait sa collaboration avec Mattel : « J'espère qu'on rappellera à chaque enfant qu'il peut devenir et accomplir tout ce à quoi il aspire. »

TU DOIS JUSTE CONTINUER À TE BATTRE SUR TOUS FRONTS, ET UN JOUR TU ARRIVERAS LÀ OÙ TU VEUX ÊTRE.

MARINA PISKLAKOVA-PARKER

Militante contre les violences faites aux femmes en Russie, Marina a suivi des études d'ingénierie aéronautique à Moscou, puis a décidé de se consacrer à plein temps aux victimes de violences. Ses refuges constituent une lumière toujours allumée dans l'obscurité de la brutalité.

Un matin, alors qu'elle emmène son fils à l'école, elle se rend compte qu'une des autres mamans a le visage meurtri et tuméfié. « Pourquoi tu ne quittes pas ton mari ? » a demandé Marina. « Et pour aller où ? » lui a rétorqué la malheureuse. En fait, en 1993, il n'existait aucun soutien pour les femmes victimes de violence en Russie. Le mariage pouvait devenir un piège pour de nombreuses épouses qui devaient jongler entre leurs responsabilités professionnelles et maternelles sans être protégées d'aucune manière contre des partenaires violents dont elles dépendaient pour leur foyer et leur stabilité financière. Il s'agit d'un phénomène si profondément ancré en Russie qu'il existe même un dicton : « S'il te bat, c'est qu'il t'aime. »

IL FAUT TOUTE UNE COMMUNAUTÉ POUR FAIRE AVANCER LA CAUSE DES FEMMES.

Marina a offert à cette femme la possibilité de se confier à quelqu'un qui ne la jugeait pas. « Je n'ai pas réalisé que j'avais commencé à la conseiller », se souvient-elle. Peu de temps après, elle a décidé de mettre en place une ligne d'assistance téléphonique et d'ouvrir la première maison sécurisée. « Lorsque j'ai lancé la première ligne d'assistance contre les violences domestiques, j'étais seule, je répondais aux appels quatre heures par jour, tous les jours, pendant six mois. Pendant les quatre heures suivantes, je conseillais les gens en personne. Je ne pouvais pas dire non ; il y avait tellement de demandes. » En l'espace d'un an, elle est parvenue à former le premier groupe de bénévoles pour aider les victimes par téléphone, puis elle a commencé à donner des cours dans d'autres villes, et a créé de nouveaux centres de conseil et des foyers sécurisés. Parallèlement, Marina a aussi lancé des programmes d'assistance psychologique comprenant également une assistance juridique pour les victimes d'abus conjugaux, puis a créé des formations pour les juristes afin de leur apprendre à gérer les cas de violences domestiques. La loi russe, en cas de litige au tribunal, permet à la défense d'invoquer « l'incitation à la violence » comme circonstance atténuante pour obtenir une réduction de peine. La victime est accusée de provocation afin qu'elle se sente responsable de sa propre maltraitance, et c'est contre elle que l'avocat de la partie adverse se déchaîne, la mettant en accusation devant toutes les personnes présentes au procès. « C'est peut-être la forme la plus cruelle de violence psychologique. Malheureusement, de nombreux juges acceptent encore volontiers l'idée qu'elle était d'une certaine manière responsable : ils permettent à l'auteur d'éviter d'être tenu pour responsable de ses actes », précise Marina. Dès lors, elle s'est obstinée à lutter pour la reconnaissance d'un phénomène qui continue d'être considéré comme une affaire privée. « Nous n'avons pas de système de réaction efficace, donc les femmes en Russie sont beaucoup plus vulnérables à la violence conjugale que dans d'autres pays », a-t-elle déclaré à Euronews. Aujourd'hui, Marina est la présidente de l'ANNA (Association No to Violence), qui gère un réseau de centres de crise dans toute l'ancienne Union soviétique. Récompensée par le Human Rights Global Leadership Award, elle a élaboré une campagne de sensibilisation pour rendre publics les cas de violences conjugales et informer les femmes de leurs droits. « Bien que dans la constitution, sur le papier, on annonce que les femmes sont les égales des hommes, la réalité est qu'il y a encore un long chemin à parcourir… »

AMAL RAMZI ALAMUDDIN

Engagement civique, look impeccable et discrétion absolue : tel est le portrait de la célèbre avocate libanaise, depuis les tribunaux devant lesquels elle défend les droits humains, jusqu'à son mariage avec une star hollywoodienne.

Elle a défendu les femmes yézidies réduites à l'état d'esclaves sexuelles par les miliciens de DAESH, et elle a été conseillère de l'ancien secrétaire général des Nations unies Kofi Annan. Elle enseigne dans les universités et a rencontré le pape, Angela Merkel et David Cameron. Elle est toujours impeccablement habillée, sans jamais arborer le moindre accessoire déplacé ni le moindre détail dépareillé. Amal est tellement parfaite qu'elle ne semble même pas réelle. Même son mari l'a admis : « J'ai l'impression d'être un idiot quand je parle à ma propre femme. » Ce sont-là les mots d'un certain George Clooney, qu'elle a épousé à Venise lors d'un mariage de conte de fées, et avec qui elle a eu ses jumeaux. Personnalité discrète, Amal n'apparaît pas sur les réseaux sociaux, et depuis qu'elle a épousé l'une des stars les plus puissantes de Hollywood, elle n'a donné que de rares interviews, sans jamais s'étaler sur sa vie privée.

IL NE FAUT PAS ÉGARER UNE GÉNÉRATION ENTIÈRE PARCE QU'ELLE A EU LA MALCHANCE DE NAÎTRE AU MAUVAIS ENDROIT AU MAUVAIS MOMENT.

« Une grande partie de mon travail se déroule derrière des portes fermées, et s'avère invisible. Je pense que si davantage de personnes comprennent aujourd'hui ce qui s'est passé avec les Yézidies et DAESH, et si des actions peuvent en résulter, qui peuvent aider ces clientes, alors je trouve que c'est une très bonne chose de donner à cette affaire la publicité supplémentaire qu'elle peut avoir », a-t-elle déclaré lors d'une interview à la BBC. Amal laisse le soin à son mari de parler de leur vie de famille. Après son congé maternité, elle n'a pas perdu de temps et s'est remise au travail. Après tout, chez elle, l'engagement c'est de famille. Sa grand-mère fut la première femme diplômée de l'Université américaine de Beyrouth, celle-là même où son père était enseignant. Son grand-père était ministre, et sa mère journaliste à la télévision.

Née au Liban, Amal a déménagé à Londres avec sa famille à l'âge de 2 ans, pour échapper à la guerre. Elle a étudié le droit à Oxford, puis s'est spécialisée à la faculté de droit de l'université de New York. Elle a alors commencé à travailler pour le cabinet d'avocats Sullivan & Cromwell, où elle officiait comme avocate pénaliste sur l'affaire Enron, la fraude financière massive qui a provoqué la ruine d'une entreprise de 20 000 employés.

Amal est alors arrivée au cabinet d'avocats londonien Doughty Street Chambers (dont le propriétaire n'est autre que l'icône de la lutte pour les droits de l'homme Geoffrey Robertson), originellement pour y tenir un séminaire. Elle a ensuite décidé d'y rester pour défendre des personnalités telles que Julian Assange et Ioulia Tymoshenko. En 2005, elle rejoint la Commission des Nations unies, chargée de faire la lumière sur l'assassinat de l'ancien Premier ministre libanais Rafiq Hariri. C'est le début d'une carrière très médiatisée à l'ONU. Elle s'est exprimée à de nombreuses reprises en faveur de causes humanitaires et a été membre de plusieurs comités. Elle a exprimé sans détour son opinion au sujet du mouvement #MeToo : « Je pense que, grâce aux femmes courageuses qui se sont présentées pour raconter leur histoire, le monde du travail du futur sera plus sûr pour ma fille qu'il ne l'était pour les personnes de ma génération. Nous sommes dans une situation où un prédateur se sent moins en sécurité, et où une femme qui travaille se sent plus en sécurité, et c'est ainsi que les choses doivent être. »

Sage et tournée vers l'avenir, Amal a livré aux étudiants de l'université Vanderbilt cet encouragement : « Soyez courageux. Défiez l'ordre établi. Défendez ce en quoi vous croyez. Lorsque vous serez dans votre fauteuil à bascule, auprès de vos petits-enfants dans de nombreuses années, assurez-vous d'avoir une bonne histoire à leur raconter. »

LE COURAGE EST CONTAGIEUX. LES GENS QUI ONT EU LE COURAGE DE CHANGER LEUR SOCIÉTÉ S'INSPIRENT LES UNS LES AUTRES ET INVENTENT LES DROITS DES GÉNÉRATION FUTURES.

MEGAN RAPINOE

Star de l'équipe nationale de football féminin des États-Unis, Megan a fait de sa vie un grand combat, non seulement pour ses propres droits mais aussi pour ceux de sa communauté et des plus vulnérables. À sa manière, elle se bat pour les femmes, les homosexuels et tous les exclus.

La capitaine de l'équipe féminine de football des États-Unis lors de la Coupe du monde 2019 n'est pas une simple joueuse de football, l'une des meilleures ailières au monde, prodige du dribble et capable de se forger une carrière dans la durée : c'est aussi une battante, et la plus politique des footballeuses. Megan a toujours été en première ligne dans la lutte contre les écarts de rémunération entre les sexes dans le monde du sport. Elle soutient les sportives qui revendiquent d'être traitées sur un pied d'égalité avec les hommes, du moins lorsqu'elles jouent en équipe nationale. Sa vie est une mission, et elle ne craint pas de s'engager en personne, que ce soit dans le football ou dans la vie. Ainsi, en 2016, elle n'a pas hésité à s'agenouiller pendant l'hymne national, risquant sa carrière pour exprimer sa solidarité avec Colin Kaepernick, le joueur de football américain qui fut le premier à protester via ce même geste au nom des questions raciales.

SOYEZ PLUS, SOYEZ MEILLEURES, SOYEZ PLUS GRANDES QUE VOUS NE L'AVEZ JAMAIS ÉTÉ

Les critiques ont aussitôt fusé, mais elles ont vite été dépassées par une gigantesque vague de soutien. « Bien sûr, c'est un privilège pour moi d'enfiler le maillot. Une partie de ce privilège consiste à représenter l'Amérique, mais représenter l'Amérique, c'est représenter toute l'Amérique », a-t-elle déclaré en expliquant son geste. Après avoir étudié la sociologie et les sciences politiques à l'université de Portland (Oregon), Megan a commencé à jouer au football dans la Women's Premier Soccer League, puis elle a pris la tête l'équipe nationale américaine de football, remportant le Ballon d'Or, deux Coupes du monde et un tournoi olympique.

Fière défenseure des droits LGBTQ+, elle est homosexuelle et ne s'en est jamais caché. Elle vit en couple avec Sue Bird, meneuse de jeu de l'équipe nationale américaine de basket-ball. À elles deux, elles ont remporté cinq médailles d'or olympiques, et constituent l'un des couples les plus glamour du sport américain. Ensemble, elles ont fait la couverture du Body Issue du magazine ESPN, et Megan a été la première sportive ouvertement homosexuelle à figurer dans les pages de la cultissime édition du *Sports Illustrated Swimsuit Issue*.

Avec ses cheveux rose vif et sa carrure d'athlète, elle fait partie du nouveau groupe d'ambassadrices Victoria's Secret : fini les créatures angéliques à la plastique parfaite, bienvenue aux femmes en première ligne contre les discriminations, dépourvues d'ailes mais avec les pieds bien ancrés sur terre. « Il nous faut devenir meilleurs. Il nous faut aimer plus et haïr moins. Il nous faut écouter plus et parler moins. Il nous faut savoir qu'il est de la responsabilité de chacune et de chacun de rendre ce monde meilleur », a déclaré Megan lors du discours touchant qu'elle a prononcé aux FIFA Awards, en utilisant des mots qui n'avaient jamais été prononcés auparavant lors d'une cérémonie de remise de prix. Elle a parlé d'homophobie et de racisme, mais aussi de la merveilleuse diversité de son équipe. « Nous avons des cheveux roses, des cheveux violets, nous avons des tatouages, des dreadlocks. Nous avons des filles noires et des filles blanches. Des filles hétéros, des lesbiennes. C'est un honneur absolu pour moi de mener cette équipe sur le terrain. » La main sur le cœur, mais les yeux rivés sur ce qui compte vraiment pour faire la différence, Megan a choisi de briser les inégalités entre les sexes, en mettant l'accent sur tout ce qui s'avère sans nul doute plus important qu'une balle qui roule dans un filet.

DANICA ROEM

Par son exemple, la première candidate transgenre à être élue aux États-Unis nous rappelle à tous que la politique peut et doit s'ouvrir aux personnes de tous horizons. « Peu importe à quoi vous ressemblez, d'où vous venez, en quel dieu vous croyez, qui vous aimez. »

Il est des femmes qui, par leurs gestes quotidiens, leur engagement politique et leur lutte pour la liberté, deviennent le plus beau visage des pays qu'elles représentent… Des femmes comme Danica Roem.
Une photo la représente à genoux, le visage entre ses mains, en train de pleurer. C'était en 2017 : elle venait de devenir la première personne ouvertement transgenre à être élue au congrès des États-Unis. Un exploit historique, quand on sait qu'elle était candidate en Virginie, où son adversaire ultraconservateur occupait cette position depuis 26 ans.
Il s'agit d'une victoire personnelle mais aussi sociale, qui a impliqué l'ensemble de la communauté transgenre.

TOUT LE MONDE DEVRAIT ÊTRE CÉLÉBRÉ POUR CE QU'IL EST, ET NON EN DÉPIT DE CE QU'IL EST.

Dès la confirmation de son élection, Danica a déclaré : « Ce soir, nous avons fait l'histoire », s'adressant à « toutes les personnes qui ont déjà été pointées du doigt, stigmatisées, qui étaient autrefois cet enfant mis à l'écart. »

« Cette élection doit prouver à l'échelle nationale que la discrimination est un facteur de disqualification. C'est aussi votre Amérique ; c'est notre richesse commune. » Avant ce jour, ils étaient peu nombreux à avoir misé sur elle, et lorsqu'elle a décidé de se présenter à ce poste, Danica était bien consciente qu'il s'agirait pour elle d'une bataille difficile. « Il n'y a jamais eu de législateur ouvertement transgenre dans l'histoire américaine. Ce n'est pas quelque chose de courant. Je suis la première candidate ouvertement transgenre à concourir en Virginie. Ce n'est jamais arrivé auparavant, je n'ai donc aucun exemple à suivre. » Elle a mené sans relâche sa campagne en faisant du porte-à-porte et par des apparitions publiques, des interviews et une activité constante sur les réseaux sociaux. Elle s'est toujours présentée en racontant sa propre histoire avec transparence, mais sans jamais s'en servir comme d'un étendard.

« Le fait d'être transgenre influence ma vision du monde, mais ce n'était pas ma légitimité pour me présenter aux élections. Ma légitimité, ce sont les dix années et demi durant lesquelles j'ai exercé en tant que journaliste professionnelle », a-t-elle déclaré au *New York Times*. « Quelle personne sera plus qualifiée pour représenter sa communauté qu'un résident de longue date de cette communauté qui a passé sa carrière à couvrir les questions de politique publique de la communauté ? »

Réélue en 2020, Danica continue de se battre pour l'égalité sociale. Ses discours devant la représentation nationale sont toujours emplis de ferveur, et soulignent le changement que les récentes élections ont initié en matière de droits civiques. Une mission qu'elle s'est toujours donnée depuis son élection historique en Virginie, à tel point qu'elle a dédié sa victoire à tous ceux qui, comme elle, ont déjà été injustement marginalisés. « À chaque personne qui s'est déjà retrouvée distinguée, stigmatisée, inadaptée, ou qui s'est vue ostracisée comme un gamin avec qui personne ne joue, qui n'a jamais eu quelqu'un pour le défendre parce qu'il n'a jamais disposé de sa voix propre, alors mon combat est pour vous. »

MARJANE SATRAPI

Élevée à Téhéran pendant la révolution, elle a partagé son histoire avec des millions de lecteurs dans un roman graphique qui raconte avec courage et ironie la vie sous le régime des ayatollahs, dans toutes ses nuances. Après tout, le monde n'est jamais tout noir ou tout blanc, même dans les bandes dessinées.

Avec ses cheveux bruns et son regard pétillant, Marjane Satrapi a toujours vécu entre deux cultures, jonglant avec les contradictions. Élevée en Iran, elle s'est ensuite installée à Paris. À 9 ans, elle feuilletait les œuvres de Che Guevara, à 10 ans elle avait déjà dévoré *Les Hauts de Hurlevent*, et à 11 ans elle s'est mise à lire les essais philosophiques de Sartre. « Si j'étais un homme, je dirais que l'Iran est ma mère, et la France mon épouse. » Elle ne peut plus retourner dans son pays natal depuis qu'elle a publié *Persepolis*, le roman graphique autobiographique qui l'a fait connaître dans le monde entier. Sorti en 2000, il a figuré parmi les meilleures ventes de livres pendant plusieurs années et, selon le *Guardian*, il est l'un des cent livres les plus représentatifs de ce siècle.

PUNK IS NOT DED

LA VÉRITABLE GUERRE NE SE JOUE PAS ENTRE L'OCCIDENT ET L'ORIENT. LA VÉRITABLE GUERRE SE JOUE ENTRE L'INTELLIGENCE ET LA BÊTISE.

L'odyssée de la petite fille iranienne qui joue à la révolutionnaire et rêve de devenir prophète a été traduite en plus de quarante langues, et son adaptation cinématographique a remporté un Oscar. Inspiré de l'enfance de Marjane à Téhéran au début des années 1980, pendant la dictature, Persepolis est à la fois émouvant et hilarant. Après tout, comme elle le dit elle-même : « Je n'aurais pas survécu sans humour. Je crois que l'ironie est une question d'intelligence. » Aujourd'hui encore, on considère son livre comme polémique. Et en effet, porter une veste qui clame « Punk is not dead » par-dessus un tchador comme le faisait Marjane lorsqu'elle était adolescente relève d'une transgression vraiment puissante, un défi courageux et un cri de liberté. Dans l'introduction de *Persepolis*, elle écrit : « Je crois qu'une nation entière ne devrait pas être jugée pour les méfaits de quelques extrémistes. Je ne veux pas non plus que l'on oublie les Iraniens qui ont perdu la vie dans les prisons pour défendre la liberté, qui sont morts durant la guerre contre l'Irak, qui ont souffert sous divers régimes répressifs ou qui ont été contraints de quitter leur famille et de fuir leur patrie. On peut pardonner mais on ne doit jamais oublier. »

Avec ses dessins en noir et blanc, elle est parvenue à déclencher une petite révolution culturelle dans la mentalité occidentale, en montrant la face cachée de cette histoire et en dénonçant avec force le machisme et le fondamentalisme qui ont fait basculer la vie sociale et familiale de millions de femmes dans la tyrannie. Marjane a été considérée comme l'une des plus célèbres dessinatrices contemporaines, mais seulement pendant un certain temps. Après avoir créé *Broderies* et *Poulet aux prunes*, deux dérivés de son chef-d'œuvre, elle est passée à autre chose. Elle se consacre désormais à la peinture, et les couleurs sont apparues : rouge, bleu et vert illuminent ses portraits minimalistes de femmes perdues et suspendues dans leurs pensées. Un monde de femmes que Marjane raconte aussi à travers le cinéma. En tant que réalisatrice et scénariste, elle n'a aucun doute quant à l'endroit où placer ses projecteurs. « Les femmes au cinéma jouent souvent des rôles de mère, de sœur ou d'amante. Elles doivent être douces et gentilles. C'est le résultat de siècles de patriarcat et il faudra du temps pour faire évoluer cela. Nous constituons la moitié de la population mondiale en nombre, il serait donc très normal que nos histoires représentent la moitié des histoires. »

LA CULTURE ET L'ÉDUCATION SONT LES ARMES FATALES CONTRE TOUTES LES FORMES DE FONDAMENTALISME.

ALICE SCHWARZER

Fougueuse et passionnée, elle a mené des batailles historiques au nom de la liberté des femmes. Hier comme aujourd'hui, la figure de proue du mouvement féministe en Allemagne reste fidèle à la devise qui a accompagné chaque instant de sa vie : « Je penserai, écrirai et agirai aussi longtemps que je vivrai. »

Alice a toujours eu le don d'attirer l'attention. Certains la considèrent comme l'icône vivante de la lutte pour l'émancipation des femmes, tandis que pour d'autres, elle est « *die Hexe* », la sorcière : l'archétype de la militante intransigeante qui déteste le genre masculin. Néanmoins, personne ne nie qu'elle était et demeure à ce jour l'incarnation du mouvement féministe en Allemagne. Refusant les compromis, volontaire, et toujours animée par la ténacité et la cohérence, elle n'a jamais hésité à pousser ses combats féministes jusqu'au bout. On peut dire qu'elle est une rebelle de naissance, puisqu'elle est la fille d'une femme non mariée de 23 ans en pleine Allemagne nazie, où la loi obligeait les mères célibataires à offrir leurs enfants illégitimes au Führer, afin qu'ils soient élevés dans une institution.

MMA
EMA

LES FEMMES NE SE CONTENTENT PLUS DE LA MOITIÉ DU CIEL, ELLES VEULENT LA MOITIÉ DU MONDE.

Sa famille s'est opposée à cette loi et Alice a grandi dans la maison de ses grands-parents maternels, auprès d'un « grand-père attentionné et une grand-mère politiquement active ». Dès qu'elle en a été capable, elle a fui une réalité oppressante pour s'installer dans la ville de ses rêves, Paris, où elle vit chichement, mais où elle peut jouir de la liberté et d'une atmosphère stimulante. Elle y a rencontré l'écrivaine Simone de Beauvoir et s'est retrouvée au cœur du bouleversement déclenché par le mouvement féministe français. À son retour, elle sait exactement ce qu'elle compte faire : elle va devenir journaliste et apporter ce souffle de liberté dans son propre pays. Son premier acte révolutionnaire fut de convaincre le magazine *Stern* de prendre publiquement position en faveur de l'avortement. Au total, 374 photos de femmes ayant avoué avoir avorté, parmi lesquelles d'illustres actrices comme Romy Schneider et Senta Berger, sont publiées dans le numéro du 6 juin 1971. Dans les années 1970, le nom d'Alice Schwarzer était sur toutes les lèvres, et elle a finalement eu l'occasion de relever le défi encore plus ambitieux de créer puis diriger un magazine qui reflète sa vision du monde. Le titre *Emma*, créé en 1977, est devenu un observatoire implacable qui suit de près et analyse tous les événements les plus importants d'un point de vue féministe. Avec cette revue, Alice a initié ses batailles historiques pour l'égalité des salaires et des droits, mais aussi contre les violences conjugales, les images de presse misogynes, la publicité offensante et la pornographie. Perspicace, combative et controversée, elle a souvent été critiquée, et a même fini par se retrouver sur en conflit avec certaines féministes. Avec le temps, l'agitation semble s'apaiser. Alice est devenue un visage familier des émissions de télévision les plus populaires, et l'Allemagne a été soulagée de constater que la polémiste du passé n'était pas si dangereuse au final. À tel point qu'Alice se voit décerner l'une des plus hautes distinctions nationales, la Bundesverdienstkreuz, la Croix fédérale du mérite. Hier comme aujourd'hui, les femmes lui doivent beaucoup. « Nos filles doivent aux féministes comme moi une position juridique égale, même au sein du mariage, et un monde à portée de main – du moins en théorie. Nos fils, en revanche, doivent nous remercier de ne plus avoir à se comporter en machos mais en hommes, tout court. » Alice a conscience que nous sommes encore loin du but ultime. « Après tout, un patriarcat vieux d'au moins cinq mille ans ne va certainement pas s'abolir en cinquante ans. » Mais elle ne renonce pas, toujours fidèle à la devise qui a accompagné chaque moment de sa vie : « Je penserai, écrirai et agirai aussi longtemps que je serai en vie. »

CE QUI ME MOTIVE DANS TOUT CE QUE JE FAIS, C'EST L'ÉQUITÉ. TOUT CE QUI S'EN ÉLOIGNE, SERAIT, POUR MOI, UN GÂCHIS DE MA VIE.

JULIE SWEET

Sa vision, son charisme et son leadership constant, même en période d'incertitude, sont les éléments qui lui ont permis d'accéder au sommet du classement de Fortune, *qui récompense les femmes les plus puissantes du monde des affaires. Julie se sert désormais de son influence pour éradiquer les discriminations et apprendre aux femmes à rêver grand.*

Sa devise est gravée sur une plaque que son mari lui a offerte : « Si tes rêves ne te font pas peur, ils ne sont pas assez grands. » Elle en a fait son style de vie, visant le sommet sans craindre d'affronter ses faiblesses, même si elle est l'une des femmes les plus puissantes du monde, selon le classement de *Fortune*. Julie est P-DG de la société mondiale de conseil Accenture, première femme à occuper ce poste dans une multinationale comptant un demi-million d'employés. Pourtant, elle n'a pas peur d'être totalement transparente car, selon elle, la franchise constitue l'une des valeurs les plus importantes pour un leader.

LA DIVERSITÉ EST INDISPENSABLE À L'INNOVATION.

Elle l'a prouvé lors d'un discours qu'elle a prononcé devant de jeunes étudiants en MBA à l'université du Texas, lorsqu'elle n'a pu retenir son émotion en rappelant combien il avait été difficile pour elle de faire carrière dans un environnement masculin. « Je me suis engagée à ce moment-là à améliorer la situation pour les femmes qui viendraient à ma suite », a-t-elle souligné. Elle poursuit sans compromis son engagement à promouvoir la diversité en matière de genre, de race, d'orientation sexuelle et de tout autre type de différences, avec la conviction que cela est également propice aux bénéfices. Lorsque, en 2015, elle est devenue P-DG d'Accenture North America, elle s'est fixé comme objectif d'embaucher 40 pour cent de femmes et d'atteindre l'égalité des sexes au sein de tous les employés. Première femme à diriger ce géant du consulting, elle a construit sa fortune toute seule, en arrivant d'un milieu très modeste. Née et élevée à Tustin, en Californie, elle se souvient que, lorsqu'elle était petite fille, elle n'avait qu'un seul pantalon et une seule paire de chaussures, car ses parents avaient l'habitude de lui en acheter de nouveaux uniquement lorsqu'elle grandissait d'une taille. Elle a commencé à travailler à l'âge de 14 ans dans un bureau de réservation de théâtre pour se payer ses propres vêtements. « J'ai compris très tôt que je devais aller à contre-courant et être meilleure que tout le monde pour faire vivre ma famille », a-t-elle déclaré au *Huffington Post*.

Elle n'a jamais eu peur d'aborder des territoires inexplorés pour sortir du lot. C'est ainsi qu'elle a choisi d'étudier le mandarin à l'université, et qu'elle est allée vivre à Pékin puis Taïwan pendant un an. « Cette expérience m'a procuré une immense confiance en moi », se souvient-elle. Après avoir obtenu son diplôme, elle a été engagée comme avocate d'affaires chez Cravath, Swaine & Moore, le cabinet d'avocats le plus prestigieux de Wall Street. Il y avait très peu de femmes, et Julie a profité de ce manque de diversité pour se démarquer : « Il n'y avait pas beaucoup de femmes dans toutes les salles où je me trouvais. Alors, quand on est douée, on se fait remarquer. » Lorsqu'à 43 ans, alors qu'elle est mère de deux filles et qu'elle a déjà réussi, elle reçoit l'appel d'un recruteur qui lui propose un poste chez Accenture, Julie accepte sans hésiter. Ses impératifs ? Ne jamais cesser d'apprendre, d'être curieuse et de se tenir au courant. Fortement engagée dans les questions liées à l'inclusion, elle s'est publiquement prononcée contre le racisme, la haine et toute forme de violence et de discrimination en réaction aux meurtres de George Floyd, Ahmaud Arbery et Breonna Taylor, réaffirmant son engagement en faveur d'une société plus juste, avec davantage d'opportunités d'emploi et d'avancement pour tous, notamment les femmes.

AYEZ LA CONFIANCE NÉCESSAIRE POUR VOUS FOCALISER SUR DES TERRITOIRES INEXPLORÉS. PRENEZ DES RISQUES.

GRETA THUNBERG

Suite au discours mémorable qu'elle a prononcé devant les représentants de l'ONU, elle est devenue la plus célèbre militante écologiste du monde. Au-delà des slogans et des controverses, Greta n'a cessé d'impliquer les jeunes, avec la conviction que l'environnement doit rester une priorité.

Chaque vendredi, une jeune Suédoise de 15 ans, au lieu d'aller en cours, a décidé de s'asseoir devant le Riksdag de Stockholm pour protester contre le manque d'intérêt des gouvernants face aux risques du changement climatique. Elle tenait une pancarte sur laquelle on pouvait lire « *Skolstrejk för klimatet* », c'est-à-dire « Grève de l'école pour le climat ». Moins d'un an plus tard, son visage, encadré de tresses sous la capuche d'un imperméable jaune, apparaît à la une des magazines du monde entier. Greta est devenue le symbole de la lutte pour la protection de l'environnement, et son mouvement Fridays for Future a acquis une renommée mondiale, à tel point que le 20 septembre 2019, il a donné naissance à la première et plus massive grève mondiale pour le climat de l'histoire, soutenue par 4 millions de personnes dans 161 pays.

THERE'S NO PLANET B
FRIDAY FOR FUTURE
SKOLSTREJK FÖR KLIMATE
OUR EARTH IS ON FIRE!
THERE'S NO PLANET B!
OUR PLANET OUR FUTURE

NOUS DEVONS JOINDRE LES ACTES À LA PAROLE – SI NOUS LE FAISONS ENSEMBLE, NOUS POURRONS Y ARRIVER.

Greta n'en est pas restée là, et lors du sommet des Nations unies sur le climat, elle a adressé un discours aussi mémorable que sévère aux dirigeants réunis devant elle. « Vous avez volé mes rêves et mon enfance avec vos paroles en l'air. Et pourtant, je fais partie des privilégiés. Des gens souffrent. Des gens meurent. Des écosystèmes entiers s'effondrent. Nous assistons au début d'une extinction de masse, et tout ce dont vous pouvez parler, c'est d'argent et du conte de fées d'une croissance économique éternelle. Comment osez-vous ? Tout cela est faux. Je ne devrais pas être ici. Je devrais être à l'école, de l'autre côté de l'océan. Pourtant, vous venez tous nous voir, nous les jeunes, pour avoir de l'espoir. Comment osez-vous ! » À 16 ans, la championne de l'environnement fait la couverture de *Time* et prend la parole au Forum économique mondial en Suisse, rappelant que l'économie mondiale doit être profondément repensée pour le bien de l'environnement. Malgré son syndrome d'Asperger (« Je ne dirais pas que j'en souffre, disons que j'en suis atteinte », précise-t-elle), Greta ne cesse de parcourir le monde, uniquement en train ou en bateau, pour rencontrer des personnalités. Aussi appréciée que détestée, elle a incontestablement imprimé son empreinte.

L'impact que cette adolescente a eu sur l'opinion publique a été si radical qu'aujourd'hui il serait impossible d'imaginer le combat écologique sans Greta. Elle est le symbole d'une lutte urgente et nécessaire pour la survie de notre planète entière, et un exemple suivi par des millions de jeunes qui, comme elle, estiment que les adultes ne sont pas capables de faire face au présent, et encore moins à l'avenir. « Je ne veux pas de votre espoir. Je veux que vous paniquiez », a-t-elle déclaré aux dirigeants réunis au Forum économique mondial de Davos. « Je veux que vous ressentiez la peur que je ressens chaque jour. Notre maison est en feu. Mais il est encore temps de renverser la vapeur. » Son plus grand mérite est d'avoir fait émerger la question climatique au grand jour, bousculant enfin les consciences. Comme l'a écrit le *Time* : « Un changement significatif se produit rarement sans la force galvanisante d'individus influents, et la crise existentielle de notre Terre en a trouvé un en la personne de Greta Thunberg. »

J'AI APPRIS QUE L'ON N'EST JAMAIS TROP PETIT POUR IMPRIMER SA MARQUE.

BEBE VIO

Médaillée d'or en fleuret paralympique, elle est ambassadrice de la marque Dior, et a même été invitée d'honneur à la Maison-Blanche. Avec son armure, cette championne est capable de remporter n'importe quel défi grâce à son sourire enjôleur et une confiance inébranlable dans les valeurs de diversité : « Sois spéciale. »

À 24 ans, Bebe a déjà tout réussi : Médaille d'or paralympique, Coupe du monde et championnats d'Europe. Elle a reçu un Laureus Award (la version sportive des Oscars), compte plus d'un million de *followers* enthousiastes sur Instagram, a publié deux livres pour raconter son histoire, a dîné avec Barack Obama, et défilé pour Dior. Tout cela sans jamais perdre de vue ce qui compte vraiment car, comme elle le résume : « Si vous n'avez pas une famille qui vous aime et vous soutient, vous n'êtes rien. » Aimée et soutenue, elle est véritablement devenue quelqu'un, en surmontant des défis extrêmement difficiles. Passionnée d'escrime depuis son enfance, à l'âge de 11 ans, Bebe a contracté une méningite grave qui a contraint les médecins à lui amputer les bras et les jambes pour la sauver.

SI CELA SEMBLE IMPOSSIBLE, ALORS CELA PEUT ÊTRE RÉALISÉ.

« Quand j'étais petite, on m'a annoncé que je ne pouvais pas faire de l'escrime sans mes bras et que je devais pratiquer un autre sport, mais j'ai prouvé à tout le monde qu'on n'a pas besoin de bras pour cela : si vous avez un rêve, partez à sa conquête », a-t-elle déclaré durant la cérémonie d'ouverture des jeux Paralympiques. Avec l'énergie et la détermination d'une super-héroïne, elle a relevé sans hésiter le défi de la rééducation. Grâce à la prothèse que son père a conçue pour elle, Bebe est devenue la première athlète au monde à recourir à une prothèse armée sur laquelle on peut insérer le fleuret. À force de détermination, de sacrifices, d'enthousiasme, et de séries interminables d'entraînements épuisants, elle est parvenue à atteindre l'objectif qu'elle s'était fixé quand elle était enfant : une médaille d'or aux jeux Paralympiques de Rio de Janeiro. Depuis ce moment, Bebe n'a pas cessé de poursuivre son rêve, prouvant qu'avec de la passion et de la volonté, on peut accomplir tout ce que l'on veut. « Son histoire est celle d'une femme qui se relève contre vents et marées. Elle est l'image de sa génération, une leader et une défenseure des causes auxquelles elle croit. Et elle a réussi à accomplir tout cela grâce à sa conviction que si cela semble impossible, alors cela peut être accompli », a déclaré Ursula Von der Leyen en présentant l'athlète italienne au Parlement européen de Strasbourg.

« Pour moi, la résilience, c'est l'esprit d'adaptation », a confié Bebe, encourageant tout le monde à porter un regard juste sur la diversité, tout comme elle l'a fait, en tirant sa force de ses faiblesses, pour favoriser son grand amour de la vie. Afin de soutenir ceux qui se trouvent dans la même situation, elle a fondé Art4sport avec l'aide de ses parents : une association qui aide les enfants amputés à s'intégrer dans la société grâce au sport. Son rêve est maintenant d'avoir des événements sportifs sans barrières psychologiques ou physiques, où les athlètes peuvent tous s'affronter sur le même terrain car, comme elle le dit : « Avec ou sans handicap, le sport fait croire à tous que tout est possible. » Une certitude qu'elle continue d'affirmer sans crainte et avec une conscience de soi qui la rend irrésistible. C'est pourquoi elle refuse de couvrir les cicatrices de son visage avec du maquillage. Ces marques font partie d'elle, tout comme ses yeux verts et son merveilleux sourire.

LES GENS ABANDONNENT SOUVENT FACE AUX DIFFICULTÉS, OR IL FAUT TOUJOURS CROIRE EN SES RÊVES.

KARA WALKER

Par le biais de son art, elle dénonce les horreurs de l'esclavage, les filtrant à travers les ombres des silhouettes noires qui dansent sur les murs des musées. Grâce à elle, l'art afro-américain a acquis une grande visibilité après avoir été longtemps négligé.

Découpées dans du papier et collées à la cire sur les murs, les silhouettes en noir et blanc créées par Kara Walker attirent le regard par leur élégance séduisante, mais elles nous marquent ensuite par la dureté des histoires qu'elles racontent, imprégnées de racisme et de violence. Ces figures d'esclaves et de maîtres évoquent les horreurs des États esclavagistes du Sud, déchirant les atmosphères suaves de *La Case de l'oncle Tom* et d'*Autant en emporte le vent*. En les observant avec attention, vous remarquerez que ces images délicates révèlent une série d'abus, de meurtres et d'asservissements qui se déroulent dans des décors ruraux dissimulés derrière les paysages des plantations de coton.

SI VOUS ÊTES UN **ARTISTE NOIR**, VOUS POUVEZ PEINDRE UNE FRESQUE DE **VISAGES SOURIANTS**, IL Y AURA TOUJOURS QUELQU'UN POUR VOUS DEMANDER : « POURQUOI ES-TU AUSSI **EN COLÈRE** ? »

Ces silhouettes jouent sur le contraste entre la forme et le fond pour raconter l'histoire d'un monde féodal peuplé de riches et de pauvres, de Noirs et de Blancs, d'hommes et d'animaux. Ici, les rôles de domination sont continuellement remaniés par le sexe, qui dans les œuvres de Kara est souvent brutal, sans barrière de genre ou d'âge. Kara avance sur la frontière ténue entre ce qui doit être dénoncé et ce que l'on n'ose pas dire. Elle-même est partagée entre la tentation d'être identifiée comme une icône antiraciste et celle d'éviter de s'exposer. Elle préfère ne pas être classée dans la catégorie des artistes afro-américains, ou en tant qu'artiste féminine, évitant ainsi tous les stéréotypes. « Je ne parle pas pour toutes les femmes, mais pour moi-même, et d'ailleurs avec difficulté. La seule clé, c'est ma psyché, il n'y a pas de clé féministe », a-t-elle affirmé.

Fille d'artiste, Kara a pris pour modèle son père, qui lui a appris à rétablir puis neutraliser ce passé d'injustice raciale et sociale dans ses œuvres. Cultivée et charismatique, elle fait ses débuts à l'orée des années 1990, atteignant rapidement une renommée internationale. À l'âge de 28 ans, Kara s'est vu décerner la bourse MacArthur, un prix prestigieux de 500 000 dollars également connu sous le nom de « Bourse des génies », car elle est attribuée à vingt à trente Américains qui font preuve d'une créativité extraordinaire dans leur travail.

Ses œuvres ont été achetées par le MoMA et ont fait l'objet de grandes expositions à son nom au Whitney Museum de New York, à la Tate Modern de Londres et au musée de l'Apartheid de Johannesburg. Au fil des ans, elle a ajouté aux découpages noirs sur fond blanc non seulement des théâtres d'ombres inspirés de la tradition javanaise et des projections de lanternes magiques, mais aussi des vidéos avec des personnages déplacés comme des marionnettes par ses mains, sur des films en 16 millimètres granuleux, comme des courts métrages vintage. L'expérimentation constante de Kara suscite toujours des réactions émotionnelles très fortes chez les spectateurs, provoquées par ce mélange d'élégance visuelle de ses œuvres, des atrocités qu'elles dépeignent et d'un sens de l'humour très noir. À quiconque lui demande ce qu'elle pense du fait que les spectateurs puissent se sentir choqués, elle répond inlassablement : « Vous pouvez décider de regarder mon travail ou non. Dans ma tête, toute la gamme d'images de personnes noires est libre. Leur but n'est pas de fasciner un raciste. Ce que je veux, c'est que les spectateurs fassent face à leurs propres préjugés, désirs et peurs. »

CLARISSA WARD

Elle est l'une des journalistes les plus célèbres et les plus courageuses du monde. L'anglaise Clarissa Ward, correspondante de CNN à Kaboul, a capturé des images tragiques et bouleversantes pour faire connaître la vérité au monde entier.

Elle a documenté froidement et courageusement la descente aux enfers d'une nation occupée par les talibans en racontant ces journées qui ont réécrit l'histoire de l'Afghanistan, depuis le retrait américain jusqu'à la chute de Kaboul et au chaos de l'aéroport, où des mères désespérées donnaient leurs enfants à des soldats pour les sauver. Avec un grand professionnalisme, et sans jamais montrer la moindre lassitude, Clarissa a dévoilé au monde le puissant impact d'une journaliste capable de raconter les faits par le pouvoir des images. Puis, elle a dû abandonner, car rester à Kaboul était devenu trop dangereux pour ceux qui, comme elle, avaient fait face aux talibans à visage découvert.

NOUS AVONS UN AVANTAGE PAR RAPPORT AUX HOMMES. NOUS POUVONS PARLER AVEC LES FEMMES, QUI SONT DES MINES D'OR D'INFORMATION.

« Couvre-toi ! », lui ont-ils crié dans la rue, brandissant leurs kalachnikovs et indiquant très clairement quelle idée ils se faisaient des femmes, notamment celles qui menaient carrière. Quelques secondes plus tard, son équipe a été agressée et s'est vue saisir ses caméras. Sa réaction lors de ce moment de grand danger fut exemplaire : Clarissa a répondu d'une voix calme, posée et douce, comme si elle n'était pas entourée d'hommes armés jusqu'aux dents. « S'ils me font ça à moi, pouvez-vous imaginer ce qu'ils sont susceptibles de faire aux Afghanes ? » a-t-elle commenté. Elle n'a jamais eu peur de se mettre en danger pour dire au monde la vérité, même sur les faits les plus brutaux et les plus violents. « J'ai été initialement poussée à exercer ce métier à cause du 11 septembre, qui s'est produit lors de ma dernière année à Yale. J'avais vraiment du mal à comprendre comment une telle chose pouvait arriver et comment il pouvait y avoir un tel manque fondamental de communication au sein de notre monde », a-t-elle déclaré dans une interview. Née à Londres d'une mère américaine et d'un père britannique, elle a collaboré avec des géants américains de la télévision tels que ABC, CBS et Fox. Avec ses reportages, elle a fait le récit du conflit israélo-palestinien, de la guerre civile syrienne ou encore de la révolution ukrainienne.

Elle a réalisé des reportages sur des événements majeurs tels que la capture de Saddam Hussein, le tsunami de 2004 dans l'océan Indien et la mort de Yasser Arafat et du pape Jean-Paul II. Récompensée par le Peabody Award, elle est devenue célèbre pour avoir voyagé en Syrie déguisée en touriste avec une caméra cachée, entrant en contact avec des groupes rebelles pour les filmer et les interviewer. Le fait d'être une femme ne lui a jamais donné l'impression d'être faible. Au contraire, elle considère que les femmes correspondantes de guerre possèdent un immense avantage. « En tant que femme, j'ai accès à 50 pour cent de la population que mes collègues masculins ne peuvent pas atteindre, et ces femmes sont des mines d'or d'informations. » Lorsqu'on lui demande pourquoi elle choisit de s'habiller comme les femmes locales plutôt que de porter des vêtements occidentaux, elle répond sans détour : « Pour ma sécurité. En Syrie, vous me verrez presque toujours porter une abaya et un hijab. C'est d'abord parce que je pourrais être enlevée si les gens savaient que je suis une journaliste occidentale. Mais c'est aussi parce que personne ne me regarde à deux fois quand je suis vêtue ainsi, et il y a là quelque chose d'extrêmement libérateur. » Dans les studios de télévision, elle apparaît toujours élégante et féminine, même si sa véritable nature est d'être sur le terrain, comme elle l'admet elle-même : « Je me sens plus à mon aise en bottes de combat et en gilet pare-balles. »

MON TRAVAIL CONSISTE À ALLER DANS LES RUES POUR ENTENDRE CE QUE LES GENS PENSENT ET VOIR CE QUI SE PASSE.

EMMA WATSON

Sa potion magique à elle ? Un mélange de beauté, de caractère et d'engagement. C'est ainsi que cette jeune star est devenue ambassadrice des Nations unies, figure de proue de la lutte pour les droits des femmes et championne de la mode éthique.

Le monde l'a découverte une baguette magique à la main, dans la saga *Harry Potter*, mais Emma n'a jamais été une actrice comme les autres. D'une élégance typiquement britannique (même si elle est née à Paris), elle cache derrière sa douceur un caractère de fer, à fleur de peau. Avec sa résolution et son regard déterminé, elle a embrassé la célébrité en endossant le rôle d'Hermione, jusqu'à ce que le charme soit rompu. Elle a alors construit son identité puissante grâce à de nouvelles superproductions, comme *La Belle et la Bête*, mais aussi à de nombreux films d'art, de *Bling Ring* de Sofia Coppola aux *Filles du Docteur March*. Cependant, Emma ne se contente pas de rechercher de nouveaux défis sur les plateaux de tournage, comme elle l'a démontré lorsqu'elle a mis sa carrière entre parenthèses pour se consacrer à la production de films. Elle a repris ses études puis décroché un diplôme de littérature anglaise à la prestigieuse université de Brown, aux États-Unis.

JE VOUS INVITE À FAIRE UN PAS EN AVANT, À VOUS RENDRE VISIBLE, À VOUS EXPRIMER. ET À VOUS DEMANDER : SI CE N'EST PAS MOI, ALORS QUI ? SI CE N'EST PAS MAINTENANT, ALORS QUAND ?

Mais cela ne lui suffisait toujours pas. « Je veux être une femme de la Renaissance. J'ai envie de peindre, et d'écrire, et de jouer la comédie, et je voudrais juste tout faire », s'est-elle promis. Et c'est ainsi qu'elle a plongé à pieds joints dans des engagements sociaux et politiques. Elle soutient activement plusieurs causes humanitaires, telles que le mouvement Time's Up, en démontrant son engagement par des actions concrètes, comme lorsqu'elle a fait don d'un million de livres Sterling à une association britannique d'aide aux femmes victimes de harcèlement et d'abus au travail. Nommée ambassadrice pour l'égalité des sexes par l'ONU, elle ne manque jamais une occasion d'exhorter les hommes à devenir les alliés des femmes dans leur combat pour une véritable égalité. « Je tiens à ce que les hommes enfilent ce costume » a-t-elle déclaré. Elle a expliqué quel devrait être le rôle des hommes dans la promotion de l'égalité des sexes lorsque, pendant la campagne #HeforShe, elle a demandé : « Comment pouvons-nous opérer des changements dans le monde alors que seule la moitié de l'humanité est invitée ou se sent invitée à participer au débat ? » Puis, elle s'est directement adressée aux hommes tout en évoquant ces stéréotypes qu'ils devraient être les premiers à briser. Ils doivent le faire « pour que leurs filles, leurs sœurs et leurs mères puissent être libérées des préjugés, mais aussi que leurs fils se sentent autorisés à être vulnérables ». Elle a exprimé sa position sans hésiter lorsqu'elle s'est adressée aux Nations unies. « Je me suis rendu compte que la lutte pour les droits des femmes est trop souvent devenue synonyme de haine des hommes. S'il y a une chose dont je suis certaine, c'est que cela doit cesser. Pour mémoire, le féminisme est, par définition, la croyance que les hommes et les femmes devraient avoir les mêmes droits et les mêmes chances. C'est la théorie de l'égalité politique, économique et sociale des sexes. » Son discours a été salué par une ovation avant de devenir viral, à tel point que Malala Yousafzai a déclaré dans une interview qu'elle était devenue féministe juste après avoir écouté les paroles d'Emma. Parallèlement à son engagement social, cette actrice au charme indéniable prouve qu'elle a une âme écolo, en portant des robes 100 pour cent durables sur le tapis rouge pour démontrer qu'une autre mode est possible. Sensible et résolue, la jeune sorcière a grandi, mais ne s'est pas départie de sa baguette magique. Au contraire, elle l'utilise désormais pour défendre les idéaux d'une génération de jeunes femmes de plus en plus engagées et attentives à l'éthique et à la durabilité.

BETHANY WILLIAMS

Pionnière de la durabilité, elle conçoit des vêtements colorés et unisexes fabriqués avec des matériaux écologiques et des chutes de tissus. C'est là un engagement éthique envers l'environnement et les personnes vulnérables, car la mode, elle aussi, peut changer nos vies.

Une mode éthique, inclusive, fabriquée à la main, qui valorise des principes tels que la franchise, la bienveillance, le soin et la dignité, et qui considère les chutes de tissu comme des matières premières avec lesquelles on peut créer une belle histoire : tel est le brillant projet de Bethany. Reine de la durabilité et de l'*upcycle*, elle a été récompensée par une autre souveraine, la reine d'Angleterre, avec le Queen Elizabeth II Award for British Design. Sélectionnée pour le prix LVMH, elle s'est vue décerner le prix NewGen du British Fashion Council. Elle a également remporté le British Emerging Talent Menswear aux Fashion Awards, ainsi que le Vogue Talents 10. Elle a été récompensée à juste titre par des prix destinés aux talents émergents qui

LA MODE A CETTE CAPACITÉ D'AMPLIFIER LES IDÉES ET DE LES PORTER SUR LE DEVANT DE LA SCÈNE.

se distinguent par leur originalité, leur durabilité écologique et leur sensibilité à l'environnement et aux questions sociales. Et en effet, personne n'est capable de combiner tous ces éléments d'une manière aussi extraordinaire qu'elle le fait.

Son ascension a coïncidé avec une évolution radicale dans le monde de la mode, qui a enfin commencé à prendre au sérieux les questions climatiques et sociales. « Je m'intéressais vraiment à la durabilité quand j'étais gamine. Ma mère est très en pointe sur les questions environnementales ; j'ai baigné dans ces idées-là. »

Convaincue que la mode peut devenir un moteur de changement social, elle ne se contente pas de fabriquer ses collections avec des matériaux recyclés, mais implique également des associations caritatives. Comme elle l'a fait pour son défilé de mode 2019, qu'elle a appelé « Adelaide House », en hommage à la maison de transition de Liverpool pour les femmes victimes de violences domestiques, les anciennes détenues et les sans-abri. Les vêtements étaient fabriqués avec du papier recyclé obtenu à partir de bandes de journaux enduites de cire et tissées comme du fil, et décorés de paysages urbains de Liverpool et de portraits de femmes d'Adelaide House. Deux ans plus tard, elle a présenté une collection de manteaux fabriqués à partir de couvertures vintage recyclées, car tout dans son processus de fabrication était 100 pour cent durable, jusqu'aux boutons, sculptés à la main à partir de branches de bouleaux argentés cultivés de manière durable dans le Lake District. Les décorations sont réalisées par le Max Workshop for the Disabled, sur l'île de Man, qui accompagne les personnes souffrant de handicaps physiques ou mentaux dans leur recherche d'emploi. Les tissus sont confectionnés par des détenues de la prison de Downview ou par la communauté italienne de San Patrignano, qui s'occupe de la réhabilitation des toxicomanes. « Lorsque les filles issues de ces milieux voient dans *Vogue* une tenue qu'elles ont tissée à la main, cela les encourage et leur donne confiance, ce qui est vraiment indispensable à leur progression », explique Bethany. Ses collections sont délibérément surdimensionnées et ont tendance à être plus grandes que la moyenne pour être unisexes, même si elles sont principalement destinées au marché de la mode masculine. « J'aime cette idée que si un homme soutient ou achète la collection en magasin, il contribue à financer tous ces projets que nous menons avec les femmes. C'est féministe, que vous le fassiez consciemment ou inconsciemment. » Avec son projet, Bethany a démontré qu'il existe un système de production de mode alternatif, plus éthique et sans raccourcis. « Cela me plaît d'afficher un bénéfice social à travers mon travail. Développer une entreprise de manière durable, c'est compliqué mais ça en vaut vraiment la peine. »

OPRAH WINFREY

Animatrice de talk-show, actrice, productrice, femme d'affaires et philanthrope, elle a bâti sa carrière sur sa personnalité exceptionnelle. Riche, puissante et généreuse, elle est l'incarnation du rêve américain, et peut-être même plus que cela.

Elle a pulvérisé tant de records tout au long de sa vie que personne ne lui arrive à la cheville. Néanmoins, la reconnaissance et sa fortune personnelle s'avèrent moins importantes que l'impact social et culturel dont peut se prévaloir cette femme hors du commun. Parmi les éléments de la formule gagnante exceptionnelle d'Oprah figurent l'empathie et un véritable intérêt pour les questions sociales et culturelles, qu'elle considère comme un moyen de s'épanouir via l'altruisme.
« J'aime ce que je fais. J'ai beaucoup souffert dans ma vie, mais tout cela m'a façonnée et rendue plus forte. Et surtout, cela m'a aidée à comprendre les autres et leurs difficultés. J'ai toujours eu de l'affection pour les classes défavorisées, et je ressens un besoin profond de consacrer ma vie à aider les autres. »

J'AI ÉTÉ ÉLEVÉE DANS LA CONVICTION QUE L'EXCELLENCE EST LE MEILLEUR MOYEN DE DISSUADER LE RACISME OU LE SEXISME. ET C'EST AINSI QUE JE MÈNE MA VIE.

L'histoire de sa revanche commence dans le Mississippi, où elle est née et a grandi dans une extrême pauvreté. Abusée et maltraitée, Oprah a trouvé son salut dans ses études et grâce à sa capacité à se faire entendre. Charismatique depuis son adolescence, elle fait ses débuts dans les églises de Nashville en récitant les poèmes de James Weldon Johnson, un pionnier de la lutte pour les droits civiques des Afro-américains. Elle est ensuite passée à la radio, et à 20 ans, elle était déjà présentatrice du journal télévisé. Elle se sentait tellement à l'aise devant les caméras qu'on lui a offert la possibilité d'animer son propre talk-show, ce qui était très risqué à une époque où presque tous les animateurs de télévision étaient des hommes blancs. The Oprah Winfrey Show a débuté en 1986, et à partir de ce moment-là, elle a pris sa carrière en main. Elle aborde des sujets tels que les violences faites aux femmes, la drogue et les difficultés sociales, en dévoilant ses propres histoires de vie. Le public apprécie son honnêteté, sa force et sa capacité à parler en toute transparence. Oprah est devenue l'une des femmes les plus influentes des États-Unis et a établi des records d'audience, comme en 1993, lorsqu'elle a interviewé Michael Jackson devant 100 millions de téléspectateurs. Vingt-cinq ans après son premier épisode, Oprah met fin à son talk-show pour devenir une femme d'affaires avec son propre réseau.

Elle a également réussi à réaliser son rêve d'enfant, à savoir devenir actrice. Elle a été applaudie pour ses interprétations dans *La Couleur pourpre* de Steven Spielberg et dans *Selma*, et a été nommée aux Oscars pour ces deux films. Puissante et riche, Oprah ne cesse d'aider les moins fortunés car elle sait ce que signifie galérer. Pour elle, même la maternité est liée à un épisode douloureux. Maltraitée alors qu'elle n'était encore qu'une enfant, elle a donné naissance à un bébé prématuré qui n'a pas survécu. Depuis lors, elle n'a plus jamais été enceinte. Mais depuis plusieurs années, elle s'occupe des filles de la Leadership Academy, son collège à Johannesburg, en Afrique du Sud. « L'amour ne connaît pas de frontières. Peu importe qu'un enfant soit sorti de votre ventre ou que vous ayez trouvé cette personne à 2, 10 ou 20 ans. » Son effort est si conséquent que le président des États-Unis Barack Obama lui a décerné la médaille présidentielle de la Liberté, la plus haute distinction civile. Pour les nouvelles générations, elle est une icône de l'égalité des droits pour toutes les cultures, les races et les genres.

LE SUCCÈS
EST LA MEILLEURE
DES REVANCHES.

MALALA YOUSAFZAI

En lui tirant une balle dans la tête, les fondamentalistes voulaient la faire taire pour toujours. Au lieu de cela, ils ont fait d'elle une superstar. Une fois diplômée d'Oxford, Malala a continué à promouvoir les droits des filles à l'éducation avec son Fonds Malala, ainsi que son club de lecture très particulier.

Une fillette peut-elle changer le monde ? Malala Yousafzai l'a fait alors qu'elle n'était encore qu'une enfant. Devenue le symbole de la lutte pour le droit des jeunes à l'instruction dans le monde entier, avec le courage et l'audace d'une guerrière, elle s'est opposée aux talibans qui, au Pakistan, avaient pris le contrôle des écoles, limitant l'accès à l'éducation. Et elle les a ouvertement défiés. « Comment osent-ils me priver de mon droit à l'instruction ? » se demandait-elle dans les billets qu'elle rédigeait pour la BBC et qui documentaient les conditions de vie des enfants sous le régime. Elle n'avait que 11 ans, et son activisme faisait grand bruit. Or il a aussi inévitablement attiré la fureur des talibans, qui ont décrété sa condamnation à mort.

MALALA YOUSAFZAI

JE CONNAIS LE POUVOIR QUE PORTE UNE JEUNE FILLE À L'INTÉRIEUR DE SON CŒUR, QUAND ELLE A UNE VISION ET UNE MISSION.

Il semblait impossible que quelqu'un puisse véritablement s'en prendre à un enfant, mais le 9 octobre 2012, l'inimaginable s'est produit : on lui a tiré une balle dans la tête alors qu'elle sortait de l'école. Son caractère de fer et une interminable série d'opérations chirurgicales l'ont aidée à se remettre sur pied. Le jour de son seizième anniversaire, sa voix résonne dans l'auditorium de l'Assemblée générale des Nations unies, où elle prononce un discours émouvant devant le secrétaire général de l'ONU, Ban Ki-moon, les délégués, et 400 jeunes. « Emparons-nous de nos livres et nos stylos, il n'existe pas d'armes plus puissantes. Un enfant, un enseignant, un livre et un stylo peuvent changer le monde. » En prononçant ces mots, Malala savait que les talibans avaient juré vengeance, mais elle a toujours affirmé qu'elle n'avait plus peur : « Ils pensaient qu'une balle nous ferait taire, mais ils ont échoué. Rien n'a changé dans ma vie, sauf ceci : mes faiblesses, ma peur et mon désespoir sont morts. La force, le pouvoir et le courage sont nés. » Selon Malala, les vents ont fini par tourner et désormais, dit-elle, ce sont les talibans qui ont peur d'elle : « Le pouvoir de l'éducation les terrifie. Ils ont peur des femmes. Et c'est pour cela qu'ils tuent : parce qu'ils avaient, et qu'ils ont encore, peur. »

Au lieu de l'éliminer, ils ont fait d'elle la voix la plus puissante contre l'oppression : un *epic fail* (échec épique), comme on dit en argot des médias sociaux. Son courage a été récompensé par le prix Nobel de la paix en 2014. Malala avait 17 ans lorsqu'elle est devenue la plus jeune lauréate de ce prestigieux prix, puis messagère de la paix des Nations unies avec pour mission de promouvoir la scolarisation des filles. Un an plus tard, elle a fêté ses 18 ans avec l'ouverture d'une école pour les réfugiés syriens au Liban, puis s'est inscrite à l'Université d'Oxford. « Aujourd'hui, je suis en mesure d'étudier dans une université prestigieuse – mais j'ai envie de vivre dans un monde où chaque fille a la possibilité de choisir ses futures options professionnelles. » Après avoir obtenu son diplôme avec mention, l'autrice du best-seller *Moi, Malala* n'est en aucun cas restée les bras croisés. En plus de promouvoir constamment l'éducation partout dans le monde avec son Fonds Malala, elle a décidé de lancer son très personnel club de lecture, qu'elle a baptisé « Fearless ». « Ensemble, nous explorerons les livres de nouvelles voix et d'écrivains éminents – des femmes aux idées audacieuses et des conteurs qui donnent à voir le monde de leur point de vue unique », a-t-elle déclaré sur Instagram.
Qu'y a-t-il de plus poétique que le féminisme expliqué par une femme comme elle ?

CHLOÉ ZHAO

Née en Chine mais éduquée aux États-Unis, Chloé est plébiscitée dans le monde entier. En traçant une frontière ténue entre sentiments et sentimentalisme, la réalisatrice réécrit l'histoire du cinéma avec ses films. Du Lion d'or à l'Oscar, elle a tout gagné.

Elle a mis longtemps à comprendre que le cinéma était sa vocation. Mais a vite rattrapé le temps perdu. À présent qu'elle a pris son envol, personne ne peut l'arrêter. En moins de cinq ans, Chloé a accumulé un nombre impressionnant de récompenses, et s'est vue décerner un Oscar avant d'être engagée par Marvel pour prendre les rênes d'un film de super-héros.
La réalisatrice la plus applaudie au monde est un petit bout de femme, née et élevée à Pékin. À l'école, c'était une perturbatrice qui préférait les mangas aux manuels scolaires. Elle était obsédée par la culture occidentale, de MTV à des films tels que *Terminator* et *Sister Act*, à tel point que ses parents ont décidé de la soutenir en l'envoyant poursuivre son éducation à Londres lorsqu'elle avait 14 ans. Quelques jours avant son diplôme, elle a annoncé à ses parents qu'elle voulait aller « là où se trouve le panneau Hollywood » avant de mettre les voiles pour Los Angeles.